KB170892

젊은 갑부
만드는
대박 가게

젊은 갑부는 하루아침에 탄생하지 않았다!

젊은 갑부 만드는 대박 가게

이정애 지음

레몬북스
lemon books

| 차례 |

제3장 차별화 전략

제4장 창업 및 자금력

제5장 업종 선택과 비용 절감

제6장 트렌드 파악과 통찰력

꿈은 실현되어야 한다

경제사정이 날로 악화되다 보니 누구나 어렵다고 아우성이다. 유통 및 제조업까지도 모든 흐름이 예전 같지가 않기에 그 영향은 골고루 미칠 수밖에 없다.

특히 2017년부터는 업종과 업태의 변화물결이 거세게 바뀌면서 대그룹과 파트너십의 하청 중소기업에서 하루에 평균 6,000명 정도의 인원이 명퇴나 정퇴라는 명분으로 퇴직을 한다. 이런 하부구조상 관련 소상공인들에게도 타격이 가세가 되기 때문에 도시경제 자체가 무너지기도 한다.

이제 1957년부터 1960년생들이 집중 퇴직 연령대이며 액티브 시니어 세대로 진입한다.

거기에 보태서 청년들은 국내 산업흐름의 대변혁 앞에 팽개친 채 갈수록 취업이 힘들어지는 상황이 전개되고 있다. 이에 '취준생'이라는 고시생 같은 현실이 주어지고 그마저도 안 되는 형편이 어려운 청년들은 부모님께 생활고를 부담하게 할 수 없어 취업 대신 창업시장으로 내몰리고 있는 실정이다.

직장을 그만두고 가게를 차려 온 가족이 생계형 자영업자가 되는 경우도 있고, 액티브 시니어들도 놀 수도 없고, 취직할 수 있는 곳은 제한돼 있어 창업을 선택하는 경우도 허다하다.

다행히 정보가 빠른 청년들은 학교나 기관을 통해 제도권에서 제시하는 프로그램으로 들어와 예비교육을 받고, 경험근무도 해보고 조금씩 순차적으로 자리를 잡아가기도 한다. 또한 부모님이나 친인척들이 자영업을 하는 경우 그 밑에 가서 일을 배워서 독립창업을 하는 경우는 그나마 실패가 적다.

아울러 주위에는 성공하는 사람들도 많다. 소상공인 사업 안정화를 시키는 데 성공하는 사람들은 무슨 비결이 있는 것일까?

거의 전부가 꼭 부정적이지만은 않다는 것이다.

경제정책뿐만 아니라 시장상황이 이렇다 보니 창업에 관련된 책들이 하루에도 몇 권씩 출시되고 있다. 어떤 업종이 잘된다더라, TV 프로그램에, 외식전문잡지에 어떤 업종이 성공률이 높다더라 하고, 누구나 창업하면 대박이 날 것처럼 전국적으로 소문이 나서 너나 할 거 없이 탈탈 털어서 손을 대기 시작한다.

8

그러나 정작 중요한 것은 창업을 하겠다는 사람의 각오와 장사에 대한 마인드이며 업종, 상권입지는 물론 창업 마케팅 전략, 창업경영 전략, 매출관리나 직원을 포함한 고객 서비스 관리가 철저해야 한다.

또한 소상공인이 되고자 마음먹으면 창업하기 전에 조사하고 준비해야 할 것들이 많다.

나와 가장 적성에 잘 맞고, 친화력이 있고, 접근력이 높은 업종이 무엇인가를 물색해야 하고(업종선택) 업종 선택을 했다면 예산 세우기를 해야 하는데 어떤 방식으로 창업할 것이냐에 따라 예산변화가 주어짐으로 어떤 방식으로 창업을 할 것인가(창업방법론)를 고민하고, 결정이 되면 예산준비와 추가예산 적정금액을 미리 예상해서 준비해야 한다.(예산 세우기)

그 다음이 상권과 입지 선택을 하는데 상권입지분석은 전문가에게 맡기는 것이 최선의 방법이며, 상권을 보고 어떤 운영방식이냐에 따라 입지선정이 달라지므로 상권분석전문가와 충분한 논의가 필요하다.(상권입지분석)

또 하나는 사업타당성분석이다. 선택한 업종이 원하는 상권에서, 어떤 방식의 운영론으로 전개할 것인가에 대해 사업타당성분석을 해봐야 한다. 사업타당성분석이 따르지 않는다면 실제 사업으로 전개될 경우 예상치 못한 돌발적인 문제로 무너질 수가 있기 때문이다.

추정매출액과 추정손익계산을 따져보고 확신이 든다면 자금 마련하기로 돌입한다.

가게를 운영하는 데 필요한 것들의 보이는 것과 보이지 않는 것에 대한 철저한 준비교육을 일단 받을 수 있는 기관이나 단체를 찾아서 공부를 해야 하는 것은 기본이고 매출관리, 점포관리, 직원관리, 세무 재무관리, 고객관리 등과 창업경영전략과 창업 마케팅 전략의 창업계획이 있거나, 현재 주먹구구식으로 막연히 창업을 꿈꾸고 있다면 최소한 본서가 그 꿈을 이루게 할 것으로 믿는다.

이 책은 적절한 비용으로 운영비를 절약할 수 있을 거 같다는 믿음을 가져오도록 하고 창업전문 기본서적으로 꼭 한 권쯤은 소장하고 싶거나 선물하고 싶은 마음이 생길 수 있는 내용으로 책임감 있게 구성하고자 한다.

주변 사람들 혹은 매스컴이나 전문잡지에서 '무엇이 잘된다 하더라.', 막연히 '무엇이 좋다는데?'보다는 '이 책 한 권만으로도 많은 정보를 접할 수 있어.'라든지, '어디에 가면 필요한 정보를 얻을 수 있다.'라는 점에 포커스를 맞추고, 사업 운영 시 발생될 수 있는 문제점과 미처 인지하지 못했던 문제점에 직면했을 때, 해결책을 다룰 수 있는 정보에 주력하고 어떤 곳에 있든지 항상 옆에 두고 잠시라도 꺼내 보면 도움이 될 수 있도록 노력했다.

마케팅전공자로서 특히 세분화된 콘텐츠가 창업 마케팅 전략에 맞추어져 있어 그에 기준하여 글을 썼으며, 창업을 하고자 간절히 원하는 사람들에게 이 책이 최소한의 도움이 되었으면 한다.

이 책은 현장에서의 경험을 통한 디테일한 부분의, 다른 타 창업관련 책에서는 접하지 못한 부분을 다루었으며, 업종별로 성공사례를 제시하여 독자들이 쉽게 이해가 되도록 쓰고자 노력했다.

무엇을 이루든지 간에 하고자 하는 모든 것에 이룸을 축복하고 이 책을 통해서 또 다른 새로운 기회를 발견했다면, 작은 노력이 큰 가치를 발하지 않았나 하고 감사하게 생각한다.

이정애

제1장

사업자 마인드

01
긍정의 힘을 불러일으키는 요인

어떤 일을 접할 때 쉽게 무너지는 사람과 들판의 잔디처럼 오히려 더 발군의 실력을 발휘해서 성장하는 사람으로 양분된다.

그것은 왜 그런 걸까? 사람들은 '의지력'이라고도 하고 보통 '깡다구'라고 표현한다. '참 되지도 않는 일에 힘쓰고 있네.'라고 비아냥거려도 자신에 대한 확신이 뚜렷하고 믿음을 굳건히 하는 사람은 바로 '정신력'이 뛰어난 사람이다.

무엇을 하든지 우리는 살면서 여러 가지 일에 부딪히고 곤란한 상황에 직면한다.

그러나 똑같은 일에 직면했을 때 자신들이 내린 결정과 행동으로 성공과 실패로 나뉜다. 이는 바로 '긍정력'의 차이에서 오는 것이다.

그럼 '긍정력'은 무엇일까?

국어사전에서는 이렇게 정의를 한다.

'사물에 대하여 그 존재방식을 있는 그대로 승인하는 것, 논리학에서는 판단에 있어, 주어와 술어의 관계를 그것과 별개의 견해를 갖지 않고 그대로 인정하는 것'이라고 정의했다.

긍정과 부정은 항상 공존한다. 위에서 '판단'이란 단어의 중요성이 아주 큰 비중을 차지한다. 무엇인가를 판단하려고 할 때 보이는 존재와 있는 그대로를 객관적으로 인정하고 태도를 명료하게 해야 할 경우에 존재방식과 관계방식과 사고방식의 객관적 상태를 그대로 파악하고 있다면 그 긍정은 올바른 것이고 그렇지 않는 경우에는 부정이 올바르다고 인정하는 것이다.

사람들은 자신이 원하는 무엇인가를 꼭 이루고 싶으면 기도를 한다.

'하느님, 꼭 들어주소서.'

그러면서 자기 소원을 빈다는 것이다. 그러나 무엇을 이루고 싶을 때 99%의 노력으로 최선을 다하고 1%의 기도로 기적을 소원해야 한다는 것을 잊고 있다.

매사를 부정적으로 바라보지 말고 긍정적으로 바라보고 생각하라든지, 긍정의 힘은 아무리 어려운 문제라도 뚫고 나갈 수 있는 파괴력이 있다는 것을 매 순간 듣고 살지만 좀 어렵고 힘든 고통이 찾아 들면 쩔쩔 매는 경우가 있다.

그러나 마음을 다듬고 정신을 차려서 차근차근히 하나씩 해결해 나가다 보면 해결이 되는 경우가 많고 오히려 그러한 경험과 체험을 하게 되므로 강단이 생기고 노하우가 생겨서 더 좋은 결과를 가져올 수도 있다.

그럼에도 불구하고 실제 자신이 갖고 있는 마음의 고통은 아무도 해결해 줄 수가 없다. 결국은 자신만의 심리적 자아의식을 다스리고, 결정하고, 추진할 뿐이다.

따라서 자신이 먼저 열린 마음으로 상대방에게 진정성을 보여 주는 것부터 실천해보면 어떨까 한다. 늘 상대방을 배려하고 생각하며 함께 나아간다는 공생의 자세가 긍정의 힘을 불러일으키는 요인일 것이다.

02
'꾼'이란 무엇일까

　사람마다 생각과 기질, 감정, 인간관계, 가치관, 사고법 등이 다르겠지만 평상시 인간관계, 문제해결은 신의가 중요하다고 생각한다. 바른 길로 가되 변수 및 경우의 수에 부딪쳐 힘들 때에는 인생의 멘토를 찾아가 해결점을 모색해 나가며, 그래도 안 된다면 법의 중재를 요청하는 것이 최선이 아닐까 싶다. 빨리 빨리병의 속성에 길들여진 사람들은 조급증과 일등주의에 우선적이다. 사회 지도층도 마찬가지다. 일등주의, 한 건 실적주의, 물질주의, 성과주의로 팽배해진 한국 사회 분위기가 더욱 사람들의 심리적 고충이 가세되고, 전 세계 자살률 세계 1위로 만들게 한 요인이 되더라 하더라도, 자신의 생에 대한 사고의 관점에 따라 본인들이 갖고 있는 인생시간은 달라질 것이다.

긍정은 인간관계와 문제 해결력의 지혜의 화신이다. 개인적으로는 자신감, 희망, 행복, 사랑, 도전을 향한 날개로 날아보자.

매일 맞이하는 시간은 자신이 갖고 있는, 터치받지 않아도 될 자산이다.

최근에는 '느리게 느리게' 가는 삶을 주장하는 사람들이 점차 늘고 있다.

생활을 책임져야 하는 입장에서 직업전선에 나서야 하는데 내 꿈을 이루고 싶다고, 하고 싶다고, 급하게, 맹목적으로 집중해서 매달릴 수만도 없다. 그래서 필자는 투 트랙, 어떤 때는 쓰리 트랙을 항상 해왔다. 그러면 어느 순간에 나도 모르는 사이, 어떤 위치로 덤블링되듯이 되어 있는 나를 발견했다.

상업은행 인턴으로 취직했을 때이다.

77학번에게 은행은 아주 최상의 직업이었다. 특히나 그 시절에는 적어도 시집도 잘 간다는 직업군이었다. 그러나 그 조직은 내가 적응하기에 힘든 직장이었다. 그런데 다행히 어찌어찌하여 서울 모 세무서에 특채로 입사했다. 그러저러한 경험으로 현재는 전문 컨설턴트로 현장에 서 있다.

이제는 '전문인'인 '꾼'이 되어 있는 것이다.

'꾼'이란 무엇일까.

'꾼'의 사전적 의미는 어느 분야에 전문적인 사람을 얕잡아 이르는 말이라고 명시되어 있다. 어쩌면 항상 부정적인 언어로 인식되어 왔지만 최근 몇 년 전부터는 긍정적 언어로도 인사를 듣고 있다.

　한 분야에 자신이 있고 그 분야에 자신을 투자한 경력이 적어도 십 년을 넘어 자신에 대한 강한 믿음과 자신감, 자부심을 가진 사람을 나는 '꾼'이라고 인정한다.

03
긍정의 사업자 마인드

2016년도 6월, 막 여름으로 치닫는 즈음에 서울 관악구에서 토털 양품을 13년간 운영한 분이 소상공인시장진흥공단을 통해서 위기극복 컨설팅이 들어왔다.

원주에 사는 나로서는 서울 관악구는 끝과 끝이어서 승인을 하는데 2일을 고민하다가, 얼마나 간절했으면 내 조언을 원할까 싶어서 나서기로 했다.

약 7평 되는 정도의 가게를 운영하시는 그분은 당시 55세로 평생을 의류와 사신 분이었다. 의류업을 하게 된 계기가 무엇이었느냐는 질문에 미스 시절, 언니가 운영하는 양장점에 근무하면서, 원단을 보는 방법부터 재단까지 의류전문가로 살아온 세월이 근 20년이 넘었다는 것이다.

소망이 무엇인가를 여쭤보니 의류 토털 패션업을 계속하고 싶은데, 장사가 예전 같지 않고 너무 힘들어 폐업까지 생각하는 입장이라며 컨설팅을 요청했다고 한다. 그래도 이제까지 돈을 벌어서 타 지역의 상가도 사고, 아이들도 대학까지 공부시켰는데, 뭐가 문제인지를 짚어달라는 것이었다.

그리하여 그분의 요청에 맞추어 다음과 같은 분석이 필요했다.

■ 현 점포(상권)을 벗어나 새로운 업종군으로 창업을 할 것인가?
■ 현 점포(상권)에서 새로운 업종으로 전환할 것인가?

그리고 이 두 가지 문제점에서 결정을 내야 하는 분석 또한 필요했다.

■ 사업장과 대표의 자체 개발 분석가치의 중대성.
■ 상권입지 분석.
■ 상권입지 분석결과에 따른 업종 전환 결정이 된다면, 결정업종에 맞는 가치기준의 심도 있는 분석결과.
■ 현 자리를 고수하겠다면, 결정업종에 대한 점포개발과 마케팅 전략.

일단 투 트랙으로 조사 분석을 했다. 대표님과 더불어 직원과 인터뷰를 했고, 각자의 사업장에 대한 운영에 대한 사고가 어떤지를 확인할 필요가 있었다. 대표님이 그동안 해왔던 운영 시스템도 들어야 할 필요가 있었다.

내부운영 시스템을 체크하고, 외부환경조사 분석도 해야 했다. 그리고 통계조사자료와 조사 자료에 의한 그 근동 일대의 도로상황을 조사했다. 차의 동선과 사람들의 동선을 체크하고, 운집시킬 수 있는 문화센터나 부식을 살 수 있는 대형 마트, 병원 등이 어느 정도 거리에 있는지를 실사로 확인했다.

드디어 조사 분석한 결과를 가지고 대면하며 질문했다.

의류 토털 패션업을 계속하고 싶은가와 그 자리를 떠나지 않고 계속해서 매출을 올릴 수 있으면 변화를 해보겠느냐고 여쭈었더니 그러면 너무너무 좋을 것 같다는 말씀을 듣고 다음과 같이 조언을 해드렸다.

1) 상권입지는 살아 있다. 도로상황이나 주변 업종의 점포 개체 수도 살아 있음을 확인했고 가능성이 있다고 장담했다. 문제는 대표님의 입장이라고 얘기했더니 놀라워하며 자신은 아무 이상이 없다고 했다.

그러나 13년 전 창업했을 때 그분의 나이는 42세였고, 당시 주변 거주밀집도의 연령대와 비슷해서, 사람들과의 소통과 매칭해놓은 의류 디자인이 서로 마음에 들었지만 현재는 대표님이 55세임에도 불구하고 매칭해놓은 의류는

42세 때의 디자인 그대로이다. 그런데도 주 고객은 45-60대이다. 일단 의류 디자인과 중심고객연령층의 취향저격의 디자인이 맞지 않는다.

2) 주변상권 입지조사 분석 결과 옛날보다 연령대 집중이 많이 달라졌다. 또한 아파트가 늘어나면서, 거주밀집도가 가족형 고밀도주거지역으로 되어버렸고, 소득수준이 예전보다 달라졌음을 설명했다. 그리고 경쟁대형점포가 늘어나서 고객 분산이 되면서 경쟁을 해야 되는 상황이 돼버린 시장이란 걸 의식하고 고객관리가 전략적이어야 한다고 조언했다.

3) 현재 입지의 연령대는 외형중시형의 연령대이고, 여가활용을 할 수 있는 편이란 것을 인지시켰다.

4) 결론은 의류전문업을 현 자리에서 그대로 운영하되, 개선점 보완과 변화로 대표님이 스스로 바꿔보고 노력하겠다고 하여 사람과 사업장의 내외부 리모델링과 전략교육을 진행했다.

그리하여 기대전략 보완점 실행을 바로 진행했다. 바로, 지니고 있는 모든 상품을 세일해서 팔도록 '창고대방출'을 권했다. 그리고 평수가 작은 7평을 뒤편으로 잘라서, 주인과 직원이 쉴 수 있는 공간을 막아 놓은 것을 통으로 일원화시켜 점포가 크게 보이도록 했다.

아울러 벽면과 천장면의 컬러를 일원화시켜서, 크게 보이는 효과를 내게 했고, 의류진열방법에 따른 전기세가 절약이 되는 LED 전열등으로 조명 컨설팅을 하고, 전면 출입구에서 들어오는 고객동선이 고객관점으로 돌 수 있도록 진열방법을 하도록 지도하고, 최근의 의류 코디법을 지도했다.

또한 사람들은 오른쪽으로, 심장위주로 돈다는 것을 인지해야 함을 말씀드렸고, 재고가 쌓이면, 바로 한 달 후 싸게 소진시키도록 했다. 그리고 상품에 대한 컬러군과 디자인을 거래처에서 주는 대로 가져오지 말고 화장품 가게에 가서 샤도우 신상품이 무엇인지 확인해 보고, 바뀌는 색상을 파악하며, 스마트폰으로 올해의 유행 색상을 찾아 검색해보고 공부하기를 권했다.

타 상권 이동으로 인한 투자비용과 고객을 새로이 형성해 간다는 것과 업종전환은 새로운 모험에 도전하는 것이 꼭 성공할 것이라는 보장이 없으므로 현 상권에서 얻고 있는 인심과 형성돼 있는 단골들이 자산으로 비축돼 있으니 현 자리에서 새롭게 도전해 실천으로 컨설팅하는 중에도 바로바로 견적서를 받고 업자와 삼자대면으로 공사를 시작해서 성공한 경우이다.

평생을 한 우물만 판 의류전문인으로서, 직업에 대한 애정과 열정도 갖고 있으며, 긍정심으로 똘똘 뭉친 사업자 마인드가 좋은 결과를 도출해냈던 것이다.

컨설팅을 위해 막상 많은 대표들을 만나보면, 예전에 많이 벌어본 경험이 있고, 사람들이 'CEO', '대표', '사장님' 하고 불러주는 거에 대한 단맛에 취해 있다가, 나름 자신의 분석으로는 도저히 대처하기 힘든 여러 어려운 상황이 반복되고, 그에 쏠려가는 감정을 극복해 내기가 힘들어 어찌할 바를 모른다.

사장님, 사장님 하고 불러주는 허세와 명분에 취하다 보면, 벼랑으로 떨어지는 것은 순식간이다. 따라서 오로지 전문인 '꾼'으로서, 자부심을 가지고, 멘탈을 강하게 하는 자기 훈련 및 관리를 해야 한다. 그래야 다시 일어설 수 있다.

그렇다면 이러한 '정신력' 즉 멘탈을 강하게 할 수 있는 '자기심리

훈련'을 해보자.

■과거가 아닌 현재에 살아야 한다.

과거에 본인이 무엇을 했는데, 내가 얼마나 잘났었는데 등 그런 지나간 시간들로 연연해하지 말고, 현재 자신의 입장, 자리 등에 입각해서 미래를 꿈꾸어야 한다.

■내려놓는 심리적 훈련의 자기관리가 돼야 한다.

옛날에 내가 부자였고, 실패한 적이 없고, 잘나갔다는 등에서 해방되어야 한다. 마음의 결속이 되어 있는 이상 발전이란 있을 수가 없다. 상황과 운명은 언제든지 바뀔 수 있다. 삶이 계획대로 풀리지 않을 수도 있고, 돌발적 변수로 인해서 인생이 바뀔 수 있다는 것을 예정하고, 현재에 임해야 한다. 내려놓는 자기심리관리가 필요하다.

■담담히 받아들일 줄 알아야 한다.

멘탈이 강하다는 것은 굳건하고, 행복하고 그런 것을 의미하지 않는다. 담담히 받아들이는 정서적 수렴자세로 냉정함을 유지할 수 있는 능력은 힘든 상황을 극복할 수 있는 큰 자산적 축적이다.

■범사에 감사하라.

성경말씀에 나오는 말이지만, 모든 작은 일상까지도 감사하고, 그로 인해 행복하다는 마음을 가져야 한다. 긍정과 부정, 성공과 실패가 공존하는데, 모든 것이 자기 자리에서 자연스럽게 공존한다는 것을 인정하지 않으면, 자신이 스스로 힘들어지므로, 강한 멘탈을 가지려면 보이는 대로 인정하는 습관을 가져야 한다.

■낙관적인 현실주의자가 되자.

힘들어지는 상황에 직면하고 심리적으로 인정을 해야 하는 체험을 하게 되는 경우에, 바로 그 다음은 어떻게 할까 하고 대책과 방안을 마음속으로 설계해야 한다.

■목적을 분명히 한 목표를 정해라.

진로를 지도하는 분들은 막연히 목표를 설정하라고 교육하지만 필자는 그렇게 하지 않는다. 디테일하고, 정확한 목표를 설정하고 행동하라고 권한다. 그래야 그 목적을 이루기 위한 곁가지 실천들을 해내고 목표에 가깝게 가기 때문이다.

05
한국인에게 걸맞은 기업가정신

강원도 장성군 장성 5일장에서 보따리 장사를 하던 60을 훌쩍 넘은 대표께서, 내게 전화가 왔다. 장성 5일장에서 여성복 보따리 장사를 23년을 하셨지만 이제 점포운영을 하고 싶은데 컨설팅을 해서 자신을 지도 좀 해줄 수 없겠느냐는 전화였다. 교회의 아는 지인께서 추천해 주셨다고 한다.

점포운영을 처음 하는 분이어서, 내외부 인아웃테리어, 디스플레이 하는 방법, 고객을 대할 때 매출이 발생되게 하는 긍정 스피치 방법, 전문고객관리, SNS마케팅 지도 등을 상세히 해드렸다.

꽃차 취미와 건강식에 관심이 많던 취미부분을 전부 여성복사업과 접목이 되도록 이벤트화하는 방법도 알려드렸다.

40대 이후가 65% 이상인 동네 장사여서 그 대표님의 연령대와 맞추어 편안하게 친구도 부르고, 휴식터 같은 개념으로 운영하라고 지도하고 할머니의 의류 스타일을 모두 없애고 세련된 퀄리티의 스타일로 바꾸라고 권했더니 비싸서 팔리겠냐고 오만 걱정을 다 하시는데 얼마 전에 전화가 왔다.

'선생님, 너무 잘 팔려요. 그래서 매출액도 훨씬 높아졌어요.'

그래서 답변을 해드렸다.

'이제 외상은 주지 마세요, 그리고 카드로 다 받아도 돼요.'

형편에 맞게 시작하여 사람을 익히고, 관계 관리를 하는 방법을 생활화하고, 그런 부분을 조금 다듬어서 사업장 운영으로 창업한 경우이다. 주먹구구식의 장사에서 문서를 만들고, 더 매출을 향상시켜서 수입이 늘어난 아주 좋은 성공사례라고 할 것이다.

삶에 대한 열정과 일에 대한 열정은 누구나 다 가질 수 있다. 그러한 자신의 시간을 어떤 그림으로 만들고 큰 그림을 관철하기까지 예측하지 못했던 돌발변수에 대한 해결 역량과 마인드는 누구나 맞서서 대응하지는 못한다.

누군가가 물었다. 예비창업자들에게 가장 중요한 것 하나만 꼽으라면 무엇을 얘기할 것인가라고. 그리하여 서슴없이 '기업가정신(사업가정신)'이라고 답변했다.

창업자들이나 개인 사업 경영자들에게는 기질적으로 가장 중요한 성품 중에 기업가 정신이 마인드화되어야 한다. 열정, 정신력, 도전력, 모험심, 투지, 끈기, 인내심 등을 포함한 의지력의 총체이다.

창업 후 90%가 10년 후에는 경영의 무대에서 사라지는 이유를 창업자 '자신'이 원인이라고 강조한다. 인생을 걸고 창업에 도전하는 사람들이 너무나도 무방비 상태로 시작한다는 것이다.

어떤 분야든 준비와 훈련을 하지 않은 사람은 실패하기 마련이다. 즉 진정 성공하고 싶다면 그리고 10년 후에도 살아남고 싶다면 철저한 기업가정신이 필요한 것이다.

1955~1963년 시기에 태어난 사람을 우리는 베이비부머라고 한다. 전쟁으로 모든 것이 파괴된 상황에서 경제재건의 돌격대 역할을 했다. 먹고 살기 위해, 가족을 굶기지 않기 위해서 하루 12시간도 짧은 것처럼 일을 해왔다. 그 결과 우리는 지난 70여 년 동안 경제규모 1,000배 이상의 성장, 1인당 국민총소득은 400배 증가를 이루었다. 가난과 무기력에 시달리던 대한민국 국민은 눈물겨운 노력으로 '역동'이란 단어를 대한민국의 성공의 공통어로 만들었다.

'궁즉통 극즉반(窮則通 極則反)'은 불굴의 의지를, 과감한 결단력을, 결코 포기하지 않는 실천력을 길러주었으며 한 번도 피하지 않고 정면으로 맞섰기에 그 '역동의 에너지'는 '대한민국의 기업가정신'이 되었다.

슈페터가 주창한 '기업가정신'이 있지만 한국인에게 걸맞은 '기업가 정신'은 적어도 이런 투지와 결기를 가지고 임해야 한다.

제2장

시대의 관찰

01
바이럴 마케팅의 중요성

　사업주들에게 있어서 제일 첫 번째 고객은 직원이다. 돈을 지불하고 사먹거나, 사는 고객만이 고객은 아니라는 것이다. 직원도 갑을관계로 생각하지 말고, 동등한 인간관계로 소통하고, 인격적 대우와 심리적 자존감을 채워주면, 직원은 만족감을 가지고 행복하게 일한다. 직원을 '식구'라는 개념으로, 한 솥밥을 먹는 '가족'으로 대해야 한다. 그랬을 때 만면의 미소는 저절로 우러날 것이고, 사업장도 저절로 직원의 입을 통해서도 소문이 나간다.

　또한 근무만족도를 관찰해보면, 직원들의 친절 면에서 엿볼 수 있다.

　직원들의 친절은 어떻게 해야 우러나올까? 높은 급여와 맛있거나

아주 좋은 상품력 등에 의한 자신감에 의해 행복도와 친절도가 상관
관계가 있을 것이다.

일반적으로 대표들의 친절한 마음과 말투, 말씨가 자연스럽게 표현
이 되면, 직원들도 다 같이 따라 하는 편이다. 그러나 대표가 굳어 있
으면, 그 사업장의 분위기도 냉랭하다.

고객들은 직원이 친절한 곳에서 음식을 먹고 나오거나, 다음에 무엇
인가 필요할 때면 또 와야지 하는 마음가짐으로 돌아선다.

이는 곧 바이럴 마케팅의 가장 초심이 되는 기본이다.

음식이 맛나다고 들어갔지만 직원들의 형식적인 서비스만을 받고
나온다면 고객들은 툴툴거리기 마련이다. 따라서 고객이 자신의 사업
장에 찾아오는 목적이 분명하다면, 그 고객의 관점에서 맞춤서비스가
되게 하여 만족감을 가져가도록 해야 한다.

고객의 요구를 맞출 수 있게 하는 것이 고객만족경영이고, 이러한
내부 시스템의 첫 번째가 상품력이다. 그 다음은 대표와 직원 간, 직원
과 직원 간, 직원과 고객과의 친화력으로 볼 때 분위기나 실내외 인테
리어는 크게 문제가 되지 않는다.

고객만족경영이 되려면 최대한 효과적이고, 효율적인 내부 시스템
운영의 프로세스가 구축되어야 한다.

아주 작은 행동실천으로 최대의 가성비로 효과적인 것은 스마트폰
을 활용해 봄도 적극 권장한다. 문자나 카톡은 가슴으로 받아들이고,

마음으로 하는 얘기는 상당히 오래 품고 있기 때문이다. 친화력에 있어서 SNS가 아주 중요한 역할을 하고 있는 것은 거의 모두가 인정하고 있다.

무슨 일이든지 장단점은 다 있으며, 그 도구를 어떻게 사용하는가에 따라 목적성이 뚜렷해지면, 표현의 절제가 이뤄진다고 본다. 과거의 경우, 좋은 휴양지에 여행을 가거나, 미슐랭 별점을 받은 레스토랑에서 식사한 경험은 굳이 스스로 언급하지 않으면 자랑할 방법이 없었다. 그러나 이제는 SNS에 평범해 보이는 사진을 올리는 것 자체가 '나는 이런 취향을 가진 사람, 이렇게 살아가고도 있어.'라고 은근한 자랑이 될 수도 있지만, 달리 표현해보면, 그들의 경험소비와 자랑이 곧 여행지에 대한 정보일 수가 있고, 도움이 될 수도 있기 때문이다.

강원도 영월군은 동강의 휘몰아치는 강줄기를 따라, 아주 길게 형성된 도시이며 그 동강을 따라 휴양과 레포츠를 즐길 수 있는 소규모 사업장이 많다. 이들은 동강을 끼고, 한쪽 편에는 민박 외에도 식당과 레포츠 사업자들이 옹기종기 나란히 모여 있고, 동강 건너 산자락 아래에는 대그룹에서 호텔 버금가는 숙소를 지어 운영을 하는 것을 지켜보면서, 동종업종인 래프팅 사업자들이 뭉쳤다. 이들은 산 아래 작은 동네를 끼고 있는 동네 주민들로 농사를 지으면서 계절장사에 불과한 래프팅사업을 협동조합법인체로 공동브랜드화해서 사업할 것을 약속했다.

이후 동강에 가서 래프팅을 즐기고 간 단체나, 개인들은 재방문을

40

꼭 하는 매력 있는 휴양처라는 것을 입소문 내주고 있다. 따라서 소규모 래프팅 사업자들은 같은 입장에서, 서로 소통한 것이 성공사업으로 이끌 수 있는 계기가 되어 직원들도 증가하고, 매출도 늘어남에 따라 지원도 받고, 영월군 자치단체의 협력도 함께 하여 성장하고 있는 것이다.

타 지역의 강을 끼고 있는 래프팅 사업자들이 벤치마킹을 오고는 하지만, 아직 동강 래프팅 조합과 같은 곳은 만나지 못했다.

낯이 익고 절친한 사람들과의 소통도 신뢰가 따라주지 않으면 불통이 되고 사이가 악화된다.

오프라인에서 아는 사람끼리의 소통과 친화력을 더 돈독히 하는 데는 정말 많은 노력과 공이 필요하다. 지역사람들과의 관계 관리도 어렵고, 조심스럽지만 오프라인에서 시시때때로 낯선 사람들을 대해야 하는 자영업자들의 친절 매너나 친화력은 얼마나 어렵겠는가? 그것도 오랫동안 유지관리를 해야 하는 관계 관리는 정성스럽지 않으면, 해체가 된다는 것을 이해해야 한다.

03
4차 산업혁명과 변화

한국인은 세계에서도 손꼽힐 만큼 성정이 급하고 '빨리빨리'라는 것에 사로잡혀 일처리가 빨라야만 살아남는 것으로 정평이 나 있다. 단점일 수도 있지만 한국인은 그것을 장점화시켜, '빨리병' 때문에 전쟁 이후 전 세계에서 전례 없는 경제성장을 이루어냈다.

그러나 '빨리빨리'란 성질만큼이나 빠르고 급한 진보가 4차 산업혁명이란 이름으로 성큼 우리들 곁에 다가와 있다.

모든 사람들이 불안해하고, 내심 두려워하는 4차 산업혁명.

이는 최근의 많은 변혁들이 3차 산업혁명의 연장이 아니라, 4차 산업혁명이라 부르며 아주 가깝게 그 진전속도, 그 영향파급이 미치는 범위, 시스템에 미치는 파급효과가 이전과는 판이하게 다르기 때문에 한국인의 '빨리병'에 불을 붙이는 격이 되어 버리고 있는 현실이다.

현장에서의 4차 산업혁명의 가장 첫 번째는 속도(velocity)이다.

기술적 약진이 선형적, 점진적 방식으로 진행되는 것이 아니라, 기하급수적(exponential) 방식으로 이루어지고 있음으로 '한국인의 빨리병'은 저리 가라 할 정도로 속도전인 셈이다.

두 번째는 범위(scope)이다.

4차 산업혁명에서 말하는 범위는 기술적 약진자체가 전 세계의 나라, 모든 산업의 전방위에 걸쳐 기존 방식 및 틀을 파괴하고 있으며, 새로운 시스템을 요구당하고 있기 때문이다.

세 번째는 파급효과(impact)이다.

4차 산업혁명의 파급효과는 구석구석 변화의 폭과 깊이에 영향을 미치고 있음이다. 생산시스템, 관리시스템, 지배구조시스템 등 전체적인 전반적 변환을 요구당하는 파급효과를 나타내고 있다.

3차 산업혁명의 단순 디지털화로부터 4차 산업혁명의 기술융합 기반혁신으로의 이행속도가 기존 비즈니스 운영방식의 전면 재검토가 요구되고 있고, 그러한 것들이 조직 내의 모든 구조시스템의 변화를 촉구하고, 변화하지 않으면 무너질 수밖에 없는 구조적 상황으로 내몰리고 있음이다.

4차 산업혁명이 가져오는 사회 전반적인 산업시스템이 급격히 변환되면서, 포괄적인 장단점이 엄청나게 많을 것이지만, 그중에서 일과 관련된 비관적 전망을 열어본다.

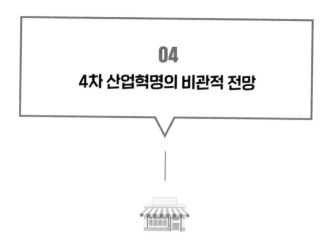

04
4차 산업혁명의 비관적 전망

〈 인류의 산업혁명史 〉

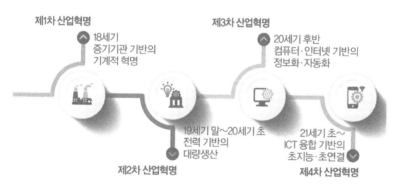

제1차 산업혁명
18세기
증기기관 기반의
기계적 혁명

제3차 산업혁명
20세기 후반
컴퓨터·인터넷 기반의
정보화·자동화

19세기 말~20세기 초
전력 기반의
대량생산
제2차 산업혁명

21세기 초~
ICT 융합 기반의
초지능·초연결
제4차 산업혁명

4차 산업혁명이 가져오는 비관적 전망에는 기술발전에 기인한 실업률이 확산되면서 일자리 감축속도가 급격히 빨라지며, 없어지는 일자리가 있는가 하면, 상대적으로 일자리가 새롭게 만들어지는 창출속도도 빨라질 수밖에 없는 일자리 환경의 변화가 온다.

또한 기술혁신의 가속도가 붙기 때문에 지속적인 교육을 통해 기술 습득 능력을 향상시켜서, 새로운 일자리에 빨리 적응할 수 있는 역량을 강화시켜야 한다. 고용이 없는 성장(jobless growth)이 심화되고 있기 때문이다.

실제 미국 내 현존하는 모든 직업들 중 47%가 향후 10~20년 이내에 소멸될 것으로 전망된다고 공표되었고, 전 세계 6~7세 아이들 65%는 지금은 없는 새로운 직업을 가질 것이라고 예견했다. 이는 4차 산업혁명의 급속한 속도로 인해 파괴적 발전이 가져오는 직업이 소멸됨을 의미한다.

그리하여 기술수준이 높은 근로자에 대한 수요가 증가하는 반면, 저학력 저기술 근로자에 대한 수요는 감소하여 중간지대가 공동화되는 양극화 현상이 가속화될 것이라고 공표했다.(Klaus Schwab, 2016.)

일자리 파괴속도가 빠르게 진행되고 생성속도의 역전이 생각처럼 미쳐 따라주지 못함은 교육이 기술발전 속도를 따라가지 못한다는 것을 예고한다.

지금까지는 교육을 통해 자동적으로, 위 단계로 올라가는 것이 가능했지만, 이제는 그런 사람들이 별로 없을 것이다. 따라서 실업이 기본이 되며, 노동을 할 수 있다는 것이 자랑이 될 수 있고, 일종의 특권이 될 수도 있음을 캐치해야 한다.

우리나라는 타 국가와 비교했을 때 4차 산업혁명 준비가 전 세계 국가 중 최하위인 25위이고, WEF 국가경쟁력의 노동유연성(83위), 법류시스템(62위), 교육시스템(66위)으로 하위권에 머무르는 실정이다.

그리하여 이제는 다가오는 변화를 받아들일 수밖에 없는 현실을 수용해야만 한다. 더구나 자영업자 문제는 심각한 사회문제가 되고 있으며, 현재 국내 자영업은 전체 취업의 30% 수준으로 OECD 평균의 2배로, 세계 최고 수준임에도 불구하고 최근 자영업에 베이비붐 세대가 불나비처럼 모여드는 실정이다.

청년창업 역시 각 정부기관들이 프로그램 시스템을 제공하며 독려하는 사회적 분위기로 가는 추세이며, 거기다가 퇴직 후 다른 뾰족한 대안이 없는 액티브 시니어 창업도 대세인 것이 사실이다.

따라서 지금까지 세상 속에서 겪어보지 못했던 '~하더라.'에 현혹되지 말고 공부하고, 체험해보고, 벤치마킹 투어도 하며 작게 시작하여 자신감이 붙으면 크게 점점 확장해 걸 것을 권유한다.

창업은 결코 쉽지 않다.

4차 산업혁명의 급속한 변화에 의해 융합(Convergence)을 얘기하지 않고는 현장을 얘기할 수가 없다.

융합의 사전적 의미는 '다른 종류의 것이 녹아서, 서로 구별이 없게 하나로 합하여지거나, 그렇게 만듦 또는 그런 일'이라고 명시되어 있다. 현재 전 세계적으로 인문, 과학, 기술 각각의 세분된 학문들을 결합하고, 통합할 뿐만 아니라 더 나아가 응용함으로써, 새로운 분야를 창출하는 과정이 활발히 일어나고 있는데 이를 통칭하여 융합이라고 한다.

최근에는 휴머니즘을 기반으로 하는 인문과 기술의 융합에 대한 관심도가 고조되고 있다.

본디 인문학과 과학 기술은 수백 년 동안 독자적인 학문으로 고공 발전되어 오던 학문이다. 이러한 두 학문의 융합이 시대가 요구하는 관점으로 서비스를 제공하기 위해 과학 기술적인 어떤 시스템이 인간에게 단순히 노동력만을 제공하는 단계를 넘어, 즐거움과 고객만족을 제시해주는 서비스 연구가 인문학, 특히나 그중에서도 휴머니즘을 접목함으로써, 인간의 사고와 정서에 영향을 미치게 되었고, 이처럼 환경과 신체, 뇌, 마음까지 일체가 되는 통합적 메커니즘을 이루며, 끊임없이 상호작용을 일으키게 한다.

이러한 인간의 필요에 의해 변화하는 시장현장의 트렌드에 맞게, 인지 과정을 깊이 이해하고, 융합 기술을 포함한 어떤 경우에도 융복합으로 관심과 노력을 기울여야 할 것이다.

소상공인 운영자조차도 사업타당성분석 조사요청이 들어와, 상권입지분석을 한 후에 모든 것을 설명해 준 뒤에 그 상권입지에서 필요한 업종을 융합해서 성공한 사례도 나오고 있다.

작은 점포들도 이러한 노력을 꾸준히 하고 있거니와 기술 및 아이템들을 융합해야 하는 시대임을 인지해야만 한다.

현재 정년이라는 단어와 평생직장의 개념은 물 건너 간 지 오래되었다.

올해도 기업들은 더 이상 직원을 고용하지 않고 이후로도 신규채용은 기대할 수가 없다. 또한 눈부신 기술발전이 우리의 삶과 일하는 방식을 어떻게 바꿀지 감히 예측할 수가 어렵게 되었다.

갈수록 일과 삶에서 불확실성의 확실성이 날로 높아지는 지경에 당장 일자리를 찾아야만 하는 청년들이나, 직업을 만들어내야 하는 입장에서 취업만 고집할 수는 없을 것이다.

따라서 극심한 혼란 상황이 지속되며 갈팡질팡할 시간도 없다.

무엇보다 먼저 시대 변화를 관찰하고, 자신이 진정 잘하는 일이 무엇인지, 좋아하는 일은 무엇인지를 찾아 다듬기를 도전하고 방법을 찾아가는 생각정리가 필요할 것이다.

이론적으로 융복합학은 사회과학학문이라고 얘기한다.

그것이 현재 세태와 세대를 아우르는 아주 중요한 매개역할을 하기 때문일 것이다.

사회과학에서 아주 중요하게 다루는 중요한 주제 중 하나는 사회변 동이다. 외형의 변화를 사회 변동이라 하고, 가치관, 생활방식 등 인문 학적인 비물질의 변화는 문화변동이라고 한다.

모든 것의 흐름의 양면에는 동전 같은 앞뒤의 불가분의 관계가 존 립한다.

'발명', '발견', '문화전파'가 시장의 존재를 흔들 것이 분명한 사실이 며 이 중에서 가장 중요한 것은 발명과 발견이다.

과학연구를 통한 발견, 그 속의 과학 원리를 바탕으로 이루어지는 발명은 사회와 문화를 변화시키는 일차적 요인이다. 미래사회로 가면 갈수록 발명과 발견이 사회변화에 기여하는 바가 실로 크고, 의외의 변화를 아주 가까운 곳에서 보고, 체감하면서 적응해 살아가야 한다는 것을 깨우치게 될 것이다.

가장 간단한 예로, 삐삐가 폴더형 휴대폰으로, 폴더형폰이 밀어야 보이는 폰으로, 지금은 손가락 감지로 창이 열리는 스마트폰이 컴퓨터의 역할을 모두 하고 있지 않은가? 이러한 단순한 기술적 발명이 제대로 된 기술적 발명이 아니라고 해도 보통 사람들은 그 작은 몸체 하나로도 놀랄 때가 한두 번이 아니지 않은가?

신기술은 으레 문화변동으로까지 바꾸어 놓을 것이다. 사람들 간의 소통방식, 삶의 방식도 업무방식까지 모두 변화의 속도 속에 함께 하고 있는 것이다.

급속한 변화의 물결로 인해 익숙해지기를 서둘러야 한다. 그러나 사람들의 습관과 사고로 익숙해진 것에서 바뀌는 것을 거부하는 사람들도 많다.

클라우스 슈밥(Klaus Schwab)은 세계경제포럼에서 '변화의 속도, 범위, 영향력으로 미루어 볼 때, 과거 인류가 겪었던 그 어떤 변화보다도 거대한 변화가 될 것'이라고 '4차 산업혁명'에 대해 예견했다.

인공지능, 빅데이터, 사물인터넷 등의 첨단기술로 인해 기술변화는 물론이고, 그로 인한 산업구조나 직업세계의 변화는 말로 다 할 수 없을 뿐만 아니라, 기술에서의 변화가 인간에게 더 의미 있게 피부에 와 닿도록 하는 것은 문화변동이라고 한다. 인간의 가치와 인식, 생활방식과 관련되는 일이기 때문이다.

문화관점에서 바라본 4차 산업혁명에는 기회일 수가 있다는 몇 가지 근거가 있는데, 그전에 문제는 변화를 어떤 관점에서 인식하느냐이다.

긍정적 생각으로 몇 가지 근거를 보자면 문화예술은 창의성, 감성의 영역이므로 4차 산업혁명으로 인한 자동화의 위험이 상대적으로 적다고 한다.

둘째는 기술문명이 발전하면 인간은 변화로 인한 문화적 충격을 겪게 되고, 문화에 대해 더 많은 관심을 갖게 될 것이다.

셋째, 4차 산업혁명은 특정 기술이 이끄는 변화가 아니라, 여러 가지 첨단기술들이 융합되어 변화를 일으키는 혁신이다. 변화의 글로벌 트렌드는 창의융합이다.

그래서 단순반복 작업, 연산, 금융, 행정 등과 같은 관련 일자리는 자동화 위험이 많고, 수작업이 필요한 문화예술 관련 분야는 창의성, 감성, 사회적 소통과 협력 등을 필요로 하는 직업이라서 4차 산업혁명의 가속화가 심화되더라도, 조금은 안심할 수 있다는 얘기이다.

가장 현장에서 중요한 것은 문화 관점과 어젠다를 지속적으로 가져가야 한다는 것이다. 결국에는 로봇공학화가 이루어져서 대체되는 부분이 많더라도 그 중심에는 사람이 있다는 것이다.

07
문화와 사람 간의 융합

원주 흥업면에 가면 '회촌마을'이라는 작은 동네가 있다. '회촌마을'은 작은 동산 속에 숨어 있는 조그마한 동네이다. 사람들은 '박경리 작가'가 머물렀던 집이 있었던 곳으로 기억한다.

'토요인협동조합'은 본 회촌마을의 농경화로 농사만 짓고 살던 작은 마을을 문화화시키는 작업의 일환이다. 융합의 가치를 우선으로 하는 복합산업 협동조합이며, 상생의 가치를 실현하고자 하는 마음들이 합심을 해서 만들었으므로 이종업종 협동조합이기도 하다.

내부 회촌마을 주민들과 외부사람들과의 상생으로 문화적 가치를 인정하는 브랜드화 협동조합이며, 무조건 유기농만 생산해서 상품화하기를 약속한 땅의 건강가치를 기본으로 하는 유기농 협동조합이다.

그래서 서로 '옛'과 '새로움'이 어우러져 열려 있는 문화공간 협동조합으로 탄생시킨 법인이다.

고 박경리 작가의 창작문화 공간의 토지문화관, 회촌문화역사 전수마을, 매지농악 전수관도 있고, 농가 맛집 토요로 인해 수익사업도 하며, 시즌별 옛 문화로 전수되어 오는 문화행사도 체험하게 한다.

뿐만 아니라 마을 유기농 생산 곡물로 인한 상품개발로 외식사업단과 먹거리에 대한 차별화, 외부 공예팀들과의 융합으로 인해 상생하는 사람, 파트 간의 정직과 신뢰의 이미지로 문화사업과 협업을 하므로, 외부 사람들의 다양한 체험을 할 수 있도록 가치창조를 이끌어 낸 원주지역의 대표 마을이다.

1) 동종업종 간의 융합

홍익대학원의 색채학과 출신의 '팜컬러' 대표는 색채를 통해서 세상을 얘기하고, 바라보는 대표이다. 색채에 향기를 넣어 표현하고, 그로 인해, 사람의 치유와 건강을 지켜줄 수 있는 '아로마캔들'의 전문가가 되었다.

프랑스에 유학을 갔다가 한국향수병이 들어 결국에는 프랑스에 정착을 못 하고 다시 돌아온 대표는 이국땅에서의 힘들었던 시간을, 꽃을 보고 만지면서 치유를 하고 건강을 찾아 소상공인시장진흥공단의 창업사관학교를 통해 '리스플라워 전문샵'을 창업했다.

각자 색채가 가지고 있는 의미와 향기로 나오는 작품 하나로도 충분히 아름답고 예쁘지만, 누구도 흉내 내지 못하는 자신만의 아트 상품을 만들어서 다른 분의 작품과 조화를 이루어 세트화시키고 상품화하여 융합하기로 약속했다.

수작품이라는 특수성과 정신심리학 측면에서의 동종업종 간에 동등한 입장으로 소통하여 하나의 완전체를 이루는 좋은 사례이다.

2) 이종업종 간의 융합

제천의 금융 마트는 아파트 상가 지하에 있어서, 그 동네 아파트 사람들이 아니면 모를 수밖에 없는 마트이고, 외부 유입고객이 전혀 있을 수 없는 전형적인 베드타운형 아파트 밀집지역의 지하 슈퍼마켓이다.

상권입지분석과 시장조사를 해보니, 제1차 상권입지 및 제2차 상권입지가 모두 전형적인 베드타운형이었다. 새벽이면 썰물처럼 나갔다가 저녁이면 밀물처럼 들어오는 베드타운형의 아파트촌이며 동네의 공지화 또는 공백화가 되어버리는 구조적 모순에 봉착한 상권입지였

고 살아남으려면 어떻게 해야 할 것인가가 숙제였다.

　그리하여 평수조사를 하고, 인구성별과 연령대조사를 한 뒤 아이들 관리를 어떻게 하는지조차 조사를 해야 했다. 또한 성별 비율조사에서 나온 수치, 학원과 교습소, 외국어 전문학원 간의 이변거리 및 버스와 거리, 시간 등을 조사해서, 금융 마트 대표님에게 제시하고 내부 마트를 서적과 문화공간과의 융합을 제시하였다.

　그러자 지금까지 국내에서 이런 예가 한 번도 없던 시도라서 뜨악해했다.

　학원차로 학생들이 하학하기를 기다리다 교육을 시키고, 학원이 끝난 뒤에는 금융 마트에 내려주면, 그동안 아이들은 금융 마트에서 서적과 다른 문화거리를 가지고 소일하거나 숙제를 하고 있으면, 부모들이 퇴근할 때 데리고 가는 것으로 하면, 마트의 판매율이 올라갈 것이라는 결과치를 내어놓았지만 의구심을 가지고, 못 미더워했다.

그러나 다행히도 그 대표님이 책을 좋아하시니, 책을 지원을 받고 마트 평수가 넓으니 꾸며보자고 합의를 보아 1/3을 서적문화공간으로 대공사를 했던 마트이다. 그러자 아이들도 좋아하지만, 어른들의 문화공간으로 작은 소모임, 독서회, 차, 시 낭송회, 이웃 주민 간단한 생일 축하파티 등을 하면서, 문화공간으로 더 인기가 많아져서 전국 매스컴을 타고 알려진 융합공간이 되어버린 사례이다.

사람들이 모이는 문화공간으로의 역할을 수행하도록 했고(Convening), 기계적인 시스템이 아닌 사람이 직접 책을 추천하고, 추천받고 하는 소통(Curation)과, 지역 주민들의 사랑방으로 만들었기 때문에(Community) 가능했고, 무엇보다도 주인이 책을 좋아해 슈퍼를 하면서도 독서를 할 정도였거니와, 그곳에 가면 신선한 먹을거리도 있다는 장점 때문에 상당히 효과적인 장소가 되어버린 것이다.

아파트만의 단절된 형태였지만 그 공간에 가면, 소식도 듣고, 이웃도 알게 되고, 주인은 주인대로 매출도 오르니 너무 좋아해서 참 기분 좋은 컨설팅이었다.

3) 동종업태 간의 융합

소상공인시장진흥공단의 재창업 아카데미 수업을 수료하고, 창업한 수공예품 프리저브드 플라워 전문가가 창업 멘토링을 신청해왔다. 소상공인시장진흥공단 대전본원의 연락을 받고, 면담 인터뷰 신청을 해서 미팅을 했다.

왜 이것을 배웠는지, 이것을 배워서 어떻게 하면 좋을 것 같다는 생각을 하는지, 무엇이 되고 싶은지, 미래의 꿈은 무엇인지, 어디서 얼마나 배웠는지를 묻고 부군의 직업과 본인의 성격 파악부터 아이들은 몇 살 정도인지도 알아야 했다.

그러자 그분은 단지 프리저브드 플라워와 화훼 꽃꽂이 국가자격증을 공부하고 있는 중이며 장사를 해본 경험도 없고, 전직이 사무실 근무가 전부이며 SNS 마케팅을 지도해달라고 신청했다고 하며 한 방향의 전문가가 되고 싶다고 했다.

우선 본인 분야의 전문가가 되는 길로 가자고 했다.

수공예자들의 특성이 유행과 민간자격증을 많이 따는데, 이는 금액이 많이 들어가고 중구난방으로 배워서 한 길로 못 가는 사례를 많이 봐왔다고 얘기했다. 중심은 '꽃'에 두되 꽃을 만들고 활용하는 직업을 세분화하자고 했다.

트렌드의 흐름자체인 만큼 생화꽃꽂이는 하지 말고 수명을 유지하는 공예품으로 작품화시킬 수 있는 것으로 하되, 꽃을 위한 곁가지 도움이 되는 자격증을 따라고 말씀드렸더니 선물포장자격증을 취득하고 화훼국가기능자격증도 취득했다.

우선 본인을 정예화시켜 알리는 작업이 필요하기에 먼저 퍼스널 브랜딩을 하는 방법론을 지도하기로 했다. SNS 마케팅을 통해서 업종에 맞는 맞춤식 홍보방법을 하기로 하고, 키워드 추출하기를 해서 전략적 글쓰기 방법을 지도했다.

그리고 검색에 의한 노출방법을 지도하게 되면 강의청탁이 들어올 것이다. 그럴 때 사업제안서와 계획서, 커리, 프로필 등을 보내야 하는데, 프로필컨설팅과 명함 컨설팅을 해주고, 사업제안서 및 계획서는 본인이 써보았던 선례가 있어서 기관과 일반 사적인 단체와의 차이점을 설명해 드렸다.

현재는 이 분야의 최고 전문가로서 우뚝 서겠다는 미래 꿈의 최종 목표를 위해 상당히 열심히 하고 있고, 내가 하고자 하는 분야에 접목해서 하는 업종융합으로 본인만의 색깔을 갖춘 차별화된 기획자 및 작가가 되어가고 있다.

창업 멘토링이 끝나고도 연결해서 소상공인 컨설팅까지 면대면 컨설팅을 받은 전문인이다.

4) 이종업태 간의 융합

소상공인시장진흥공단 재창업 패키지 프로그램은 대전 본원에서 직접 관리감독을 한다. 그만큼 중요하다는 얘기일 것이다.

이종업태 간의 융합사례는 있을 수 있으나, 국내에서 직업 자체를 만든 경우의 융합은 처음 있는 사례이다.

예제로 얘기하려고 하는 사례는 창직과 창업의 이종업태 간 융합 성공사례이다.

이 대표는 일본에서 십수년간 상위 게임 고도의 기술전문가로 일본 국내 상위 10% 안에 들어가는 분이셨다. 오래 한국을 떠나 있어서 타국 같은 느낌이 들 터이지만, 입국해서 나름대로 열심히 공부 중인 분이었다.

재기중소기업개발원에 입회해서 공부하고, 재창업 프로그램 수업을 수료하신 뒤 멘토링이 시작되신 분이다.

무엇을 하고 싶은가에 대한 질문과 어떻게 하기를 원하는가에 대한 질문으로 멘토링을 하면서, 국내 최초의 '인성과학'이라는 콘텐츠를 찾았고, '인성과학진로전문가'라는 직업을 창직했다.

국내 최초의 창직한 직업으로 사업 비즈니스모델을 찾아냈고, '인성과학'에 대한 커리큘럼을 만들어서 교육시스템과 봉사와 나눔에 대한 실행력을 바로 추진했다.

고도의 기술이 추가된 상위게임을 통해 인문학과 인성교육을 시켜낼 수 있는 직업군으로 '인성과학진로전문가'라는 직업군을 창직해서, '인성과학진로연구소'라는 법인을 창업하고, 자신과 '인성과학진로전문가'라는 부분에 대한 퍼스널 브랜딩하는 방법론, SNS 홍보 마케팅 방법, 상표권 등록의 중요성에 대해서 멘토링을 했다.

제3장

차별화 전략

01
무엇으로 차별화할 것인가

독립창업을 하거나, 프랜차이즈 창업을 하거나, 무엇이 되었든지 간에 가장 중요한 것이 흔히 말하는 기업가정신이다.

보통 우리들은 사업가 마인드를 거론하는데, 그것과는 좀 다른 끈질긴 투지 같은 정신을 더 원하는 것이다. 그 다음에 사업 비즈니스 모델이 무엇인가에 정확한 적립이 되어 있다면 자금력이다.

자금력의 해결을 동시에 이루면서, 계획해야 하는 것이 전략기획이다.

단기간의 전략적 마케팅 기획과 장기간의 지속적 관리마케팅 기획을 말하는 것이다. 마케팅 전략 기획은 어떤 창업에서든 운영에서든 아주 중요한 요소로 찰떡처럼 없어서는 안 될 양념 같은 존재이다. 양

넘을 어떻게 하느냐에 따라 결과물이 다르게 나오는 것처럼, 어떠한 마케팅 방법을 사용할 것인지, 그리고 전략적 마케팅 기획을 어느 시점에 시기적으로 맞추어 쓸 것인지 기획하고, 정리해서 실행해야 한다.

마케팅 전략 기획은 위에서 말한 바와 같이, 창업 전부터 창업 마케팅 전략기획, 운영 마케팅 전략기획을 단기간과 장기간으로 미리 철저하게 준비해서 실천해야 하며, 창업 전 짧은 단발성 오픈 시, 순간 접점 마케팅 전략으로 내 점포와 아이템을 기억해 주어야 하는 방법을 실행해야 한다.

그리고 시즌별 시기에 따라 어떤 소비자 타깃을 공략할 것인지를 상세하게 세분화해서 정리를 하고, 그 세분화된 결과에 의한 마케팅 전략 기획으로 진행해야 한다.

'창의력'을 국어사전에서 찾아보면, '창조성'과 같은 의미라고 하며, 새로운 것을 생각해 내는 능력이라고 한다. 또한 '창의성'은 '차별력'과도 같은 의미이다.

서울에서 택시운전으로 평생 일하다 모은 자금으로 충주 첨단산업 시설단지 택지분양을 받아서 들어온 경우이다.

벌판 코너에 건물을 지어서, 슈퍼마켓을 하는데 현장에 가보니 그 넓은 땅에 10집도 안 되고, 인적도 없거니와 차는 하루에 그냥 몇 대 정도 다니는 그런 사거리로 시내는 자가용으로 몇십 분 거리였다.

정말 답답한 현실 앞에서 무엇을 어떻게 해달라고 컨설팅을 신청한 건지 어이가 없어서 혼이 나간 것 같은 느낌이었다. 왜 이렇게 빨리 건물을 지어서, 이 벌판 같은 곳을 들어오려고 생각했느냐고 여쭤보니, 선점을 하려고 들어왔다고 한다.

그럼 왜 하필이면 사람도 없는데, 슈퍼를 할 생각을 했느냐고 물으니, 사람들이 건물을 지어서 계속 입주하면, 밥은 먹고 살 것 같아서 그 업종으로 정했다고 했다.

신도시 개발이라서 국회며 통계청, 지자체, 소상공인시장진흥공단 등 아무 데도 자료라고는 눈 씻고 찾아볼 수도 없건만 첨단 공단지역으로 만들고 싶은 충주시의 계획도시화 지역이었던 것이다.

집에 와도 걱정 끝에 잠도 안 오고, 몇 날 며칠을 자가용만 타고 길바닥만 뺑뺑이를 계속 돌았다. 마침내 그 지역에서 시내까지 몇 분 거리인지 조사하고, 미리 들어온 주택과 건물, 업종은 무엇인지 조사한 뒤 그나마 들락거리는 차들은 무슨 목적으로 들어오는 차량인지, 다니는 사람들은 왜 들락날락거리는 사람인지, 자가용들과 버스노선들의 진입행로와 퇴로행로는 어떻게 되는지를 조사하니, 그곳은 유일하게 노무자들뿐이었다. 그나마 하루에 들어오는 몇 팀 정도가 다였다.

그래서 그 사람들이 필요로 하는 것을 문의해봤더니 카드는 갖고 다니는데 은행이나 단말기까지 가려면 너무 멀어서 갈 수가 없어 불편하다고 했다. 그리고 밥을 먹어야 하는데 식당도 없고, 간이식이라도 먹으려니 그도 없다는 것이다. 뿐만 아니라 건설업자가 제공하는 건물에서 자려 하니, 객지에서 온 사람들이라서 이불, 잠옷, 화장품, 칫솔, 치약, 양말, 속옷 등 꼭 필요한 생필품구매를 하려면 정말 멀리 나가야 했던 것이다.

그리하여 우선 서울에 산다는 딸을 불러서 가까운 근방에 한식을 겸비한 함바집처럼 식당을 창업했다. 컨설팅을 신청한 부부에게는 엄마와 딸이 시간조율을 해서 교대근무를 하고, 아버지는 무조건 현금가로 생활 공산품과 거주할 때 필요한 이불, 남성용 잠옷, 화장품, 양말, 속옷, 내복 등을 공급해오라고 했다.

또한 매일 새벽 시내 큰 도매상에 가서 과일을 받아와 1인이 먹을 수 있는 소포장을 하라고 했고, 1회용 압축요리, 즉석식품요리를 판매하도록 하고, 한쪽 편에는 렌지 두 개를 설치해서 간이식사를 하도록 점포 바로 앞에 포장마차를 만들었다.

또한 금융서비스를 받을 수 있도록 현금 출납기를 설치했고, 한잔 회식이 가능하도록 정육부도 만들었다. 복권취급도 해서 무료함을 달래게 해주었고, 교통충전카드도 보강서비스를 해주었다. 그리고 집으로 돌아갈 때 사갈 수 있도록 선물 세트도 포장판매하고, 잠깐 며칠의 기간만이라도 딱 필요한 냄비, 수저 세트, 밥공기, 작은 프라이팬 정도 등 그곳에서 보름이나 일주일씩 공사거주기간 동안 모든 것을 불편함이 없도록 해결될 수 있도록 했다.

기술자들끼리, 노무자들끼리, 건설사들끼리 그 현장에 가면 그곳 대표님에게 말씀하시면 다 구해주신다고 소문이 나고, 다시 소개를 해주고 해서 대박행진이었다.

딸이 운영하는 식당도 대박행진이어서 더 크게 옆으로 확장하고, 식당에 가면 아버지 가게를 홍보하고, 아버지 가게는 처음 오는 팀들이 있으면, 딸의 식당을 소개해주고 해서, 그 뒤로 몇 개의 식당이 더 생기고, 두 점포를 하면서 완전 대성공이었다.

고객군에 맞는 딱 맞춤상품 구색구비와 부녀지간의 순발력과 센스가 뛰어난 상품에 대한 재치와 현장고객 니즈에 합당한 상품구색 매치가 완전 관건이었던 것이다.

03
주인의 상품화 및 차별성

1) 흥업면 '마당넓은 집' 손두부 전문점 성공사례

흥업면 마당 넓은 집 손두부 전문점은 건물 뒤쪽으로 손두부를 직접 식당에서 판매할 만큼을 만들었다.

흥업면이라는 면소재지 동네는 대학이 3개가 모여 있고(강릉원주국립대, 한라대, 연세대) 남원주 IC와 아주 가깝고 개발지역으로 각 파트별 공사 팀들의 출입이 엄청난 지역이다.

그러므로 면소재지 동네는 거주인구에 비해, 식당들이 엄청 운집되어 있는 지역으로 일반적인 한식식당으로는 고객을 마냥 기다려야만 할 거 같아, 손두부를 직접 만들어서 음식의 차별화를 연구했다.

예상은 그대로 적중해서 주인장의 손맛으로 내는 음식 메뉴가 모두 차별성이 있어서 안정되고, 입소문에 의해 매출이 발생되어지는 점포로 비수기가 없는 식당으로 자리매김했다.

2) 삼척 촛대바위 추암 더블샷커피 성공사례

추암 더블샷 원두 커피점은 다른 원두 커피점에서 볼 수 없는 색다른 면을 만날 수 있다.

보통 원두커피점들은 제과 및 제빵과 아이스크림, 치즈케이크 등을 취급하는데 추암 더블샷 원두커피점은 '오징어빵'을 구워 팔고, 오징어 먹물로 만든 아이스크림을 판다. 먹물 아이스크림을 담는 아이스크림 용기도 오징어가루를 첨가한 반죽으로 만들어낸 색다른 용기로 먹을 수도 있다.

씹어 먹는 오징어가루 아이스크림 용기에 회색빛 먹물 아이스크림을 고봉으로 담아내준다.

주인장의 자부심으로 커피 맛도 완전 최고급이거니와 제과 및 제빵을 팔지 않고 차별화하여 대그룹 브랜드들과, 해외 프랜차이즈 원두점들이 터를 잡고 있는 틈새에서 매출이 상위 레벨로 자리 잡히고 턱

하니 군립하고 있다.

고객에게는 얼마나 싹싹하고 친절한지, 내부 인테리어도 서울로 발품을 팔아서 특이하게 차별화되어 있다.

추암 촛대바위가 서 있는, 바다가 보이는 점포에서 바다를 상징하는 '오징어빵'과 '오징어먹물 아이스크림'으로 차별화하여, 줄을 서서 기다리며 바로 앞에 있는 바닷가에 나가서 바다를 보면서 먹는다.

콘셉트와 바다를 매칭시킬 수 있는 아이템으로 결정해서 창업을 했던 경우로, 원두커피점의 색다른 멋과 맛을 창의성 있게 차별화한 경우이다.

04
타 업장과 내 업장과의 차별화

성공하는 사업장에는 주인장의 차별화된 마인드가 그대로 녹아 있는 것을 발견하게 된다.

자신과 자신의 사업장을 퍼스널 브랜딩하는 데는, 몇 가지 중요한 것을 결정해야 한다.

음식점의 예제로 할 경우 어떤 음식을 주제로 할 것인가를 가지고 콘셉트를 잡아야 하고, 콘텐츠 생산이 되도록 해야 하는데 인테리어 디자인의 최고수인 행복한 디자이너 진익준 대표의 이론에 의하면, 무엇이든 한 방향으로 설정이 필요한데, 이는 고객의 뇌리 속에, 마음속에 어떻게 자신과 자신의 사업장이 기억되게 하는 것인가가 주 관건이라고 표현한다.

어떤 컬러로 할 것인가, 어떤 조명으로 할 것인가, 나무로 표현할 것인가 쇠로 표현할 것인가 등 어떤 방법론적인 요소로 차별화할 것인가에 따라 사람들이 자신을 기억하고, 자신의 사업장을 기억하게 만드는 것은 아주 중요하다.

자신의 사업장이 지역 내에서, 전국에서 찾아오게 하는 매력을 지닌 최고의 브랜드가 되게 하려면 먼저 아웃테리어의 첫인상이 단번에 기억되게 하는 재인현상이다.

외부 아웃테리어의 전체적인 컬러, 간판과 파샤드, 모양, 디자인 등등 처음 마주쳤을 때 기억에 남는 새로움의 충격과 색다름 등이고, 두 번째는 회상하는 것이다. 처음 봤을 때, 그 기억에 남은 컬러 같은 것이라면, 똑같은 컬러의 디자인을 보거나 그릇이나 그 무엇을 보더라도, '아! 그때 보았던 그 사업장의 그 컬러와 같네.'라고, 바로 마음과 머릿속에 회상이 되어야 한다는 것이다.

이는 사람들의 생각 속에서 사라지지 않는 기억과 회상만으로도 재방문하고 싶은 브랜드로 해당지역 상권에서 최강자로 자리매김을 하게 되며, 신뢰와 호감, 친근감 등으로 정서적 안정감을 동시에 느끼게 된다.

사람들에게서 자신과 자신의 사업장을 빨리 쉽게 기억하게 하고, 그로 인해 재구매와 재방문을 유도하려면, 상품력은 최고로 좋아야 하는 것은 불변의 법칙이거니와 서비스, 콘셉트를 색과 함께 패턴으로 이미지화해야 한다.

고유의 브랜드 패턴만 보고도 어디의 어느 상품인지를 기억해 매출 성과가 나올 수 있도록 효과적인 각인이 되도록 해야 한다는 것이다.

음식과 내외부 인테리어풍의 믹스매칭

　음식은 전통서민음식인데 내외부 인테리어풍은 도시적인 멋을 만들어내면서 집에 온 듯한 편한 느낌을 갖게 해주고 싶다고, 나무로 모두 짜서 만든 카페 느낌의 식당이 있다.

　원주의 '천매봉닭곰탕' 식당이 그렇다.

　보기에는 완전히 따로국밥 같아 보이는데도, 묘하게 그 분위기와 느낌을 좋아하는 고객들이 의외로 많다는 것을 최근 피드백을 해주면서 알고는 잠시 놀라기도 했다.

　미술대학을 나온 여주인의 주장을 배제할 수가 없어서, 소통한 끝에 최대한 절충안이 나온 인아웃테리어인데, 그에 맞춤한 아기자기함의 소품과 여성스러운 그릇까지 세팅을 한 부분이 삼박자가 잘 맞은 거 같다.

믹스매칭이란 것은 어떻게 표현하는가의 차이인 것 같다. 어쩌면 좋게, 긍정적으로 얘기하면 콘셉트일 수도 있고, 트렌드의 흐름에 동승이 된 부분일 수도 있다고 생각했다.

이제는 인아웃테리어도 스토리텔링을 어떻게 해나가면서 콘셉트를 만들고 콘텐츠를 생산하는가에 달렸다고 생각한다.

시대는 시대를 품어야만 사는 맛과 멋스러움도 같이 가고, 옛 고전 방식은 그 나름의 방식대로 해석해서 스토리텔링을 해나가고, 구와 신이 어우러진 요즘인 것을 현장에서 실감한다.

1) 취급음식의 컬러주류와 그릇컬러와의 믹스매칭

본래 그릇은 맨 나중에 구입하는 게 맞다.

사실 내부 인테리어가 끝나고, 식탁이 들어올 때 본 점포에서 어떤 음식을 취급하고, 음식의 주요 컬러가 무엇인가에 따라 식탁 상판의 색깔을 결정하고, 상판의 색깔과 음식의 주요 컬러와 잘 맞추어서 그릇 디자인과 색깔을 결정한다.

반찬 그릇은 똑같은 컬러로 결정해서 정해도 괜찮지만 메인 요리의 컬러가 표현되는 것에 따라 그릇의 컬러는 달라져야 한다.

얼큰 닭개장은 그릇과 매칭이 잘되고 음식의 컬러가 먹음직스럽게 표현이 되어, 시각적으로 먹고 싶은 충동심을 자아내지만, 닭곰탕은 음식 컬러가 잘 드러나지 않는다. 그렇다면 그릇 컬러의 선정이 잘못 되어진 것이다.

내 점포의 주 컬러가 무엇인가가 첫 번째이고, 내가 취급하는 음식 컬러의 주요 컬러가 무엇인가를 잘 알아서, 그 음식이 잘 드러내 보이는 그런 컬러의 그릇이라야 시각적인 상품력에 한 점수 더 오르는 것은 자명한 사실이다.

컬러마케팅의 중요성은 갈수록 더 심화되고 있다.

2) 인력난에 대처하는 최근 설계 스타일의 차별화

최근에 현장 컨설팅을 나가서 실내 기기구조 및 고객동선 인테리어를 보면 몇 년도에 시설이 된 것인지 단번에 알 수 있다. 요즘에는 인력난을 해소하기 위해 계산대가 주방 앞 한쪽 편으로 자리안배를 한다.

외식업 대표들이 직접 음식을 만들 경우에는 들어오는 고객들에게 바로 인사를 하고, 반김 인사를 하기 위해서 주방을 전면으로 보이게 시설을 한다. 계산대도 주방 한쪽 옆으로 설치하고, 주인이 직접 나와서 계산을 해준다.

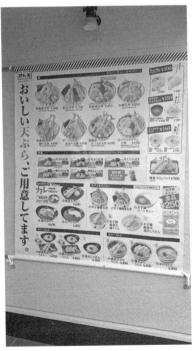

얼마 전 일본 오사카의 튀김덮밥전문점을 방문한 일이 있다.

인력난을 줄이고 일의 효율성을 높이고, 편리함을 추구하기 위해 고객과 반김 인사를 하기 위해 주방이 가게 중심 전면 쪽으로 설계되어 있었다. 외부 문에서 내부로 들어가는 입구 벽 쪽으로 키오스크 기기가 반갑게 맞이한다. 그러면 키오스크 기기가 직원대기실에 있는 컴퓨터로 전산공유를 해서, 주방은 전산에 있는 자료를 보고 음식준비를 하며 테이블도 직원위주로 다니기 좋게 해놓고 직원들이 편하게 일할 수 있도록 동선을 최소화하여 내부 구조상 인테리어가 최근의 추세대로 바꾼 것이다.

3) 신메뉴에 대한 차별화

얼마 전 소상공인시장진흥공단의 재창업 프로그램 교육 이수를 통해 재창업에 성공한 원주 '천매봉 닭곰탕'의 주미량 대표를 만나고 왔다.

소상공인시장진흥공단은 한 번 멘토링이 됐든, 컨설팅이 됐든 5년 이내에는 같은 사람에게 다시 받지 못하게 하는 제도로 인해, 그냥 봉사차원으로 실패하지 않게 피드백을 해주어야 하는 일이 간혹 발생한다.

필자가 창업시킨 이 사업자와 그 가족이 평안했으면 좋겠다는 마음 때문에, '선생님, 보고 싶어요.' 하면 차마 미안해서 말하지 못할 일이 있구나 하고 쫓아가보게 된다.

겨울에 창업해서 따듯한 국물 소스로 닭곰탕과, 닭만두국으로 매출이 올라갔는데, 며칠 전부터 매출 급락과 동시에 손님들이 없다고 했다.

막상 가게를 둘러보니 의류점들이 계절이 바뀌기 전에, 다가올 계절에 대한 준비로 미리 매장에 세팅을 하듯이, 여름 메뉴에 대한 준비가 전혀 없어서 손을 놓고 있었다.

그리하여 기존 음식과 상관관계가 있는 신메뉴 개발상품 3가지와 그 3가지 음식에 대한 국물 소스내는 법과 간장양념, 고춧가루 양념 만드는 방법의 상업요리의 차별화에 대해 끓이는 시간과 언제 어떤 재료를 넣는가에 대한 차별순서에 대해 한참 설명했다. 그리고 서둘러 시식품평회를 하고 그릇과 매칭시켜 내는 시각적 가치도 같이 설명해드렸다.

똑같은 음식이라도, 차별화된 소스, 색다른 국물 맛, 색다른 면과 면발 등 우리 점포만의 차별화된 상품력을 최고로 갖추고 난 뒤, 그 다음 단계가 필요한 것이다.

그 점포의 스토리텔링, 음식점의 로고나 글씨체, 컬러 등이 고객의 마음속에 기억된다. 아울러 주인장과 직원들의 친절도 등 음식점에 대한 따뜻한 기억은 사람들의 감성을 불러오게 한다.

신메뉴가 오로지 내 점포에서만 먹을 수 있는 차별화로 연결되어지고, 인정받아야만 브랜드화로 가는 길이 된다.

4) 모든 업종의 창의적 아이템 차별화

전정훈 대표는 원주 고향으로 내려오면서 자금부족으로 여러 조건에 맞는 일을 하기가 역부족이었다. 그래서 생각한 것이 아주 적은 돈으로 가성비 높은 일을 해보자 하고 생각한 것이 배터리 교체사업이다.

배터리 교체사업은 차를 운행하다가 퍼지거나 하면, 방문출동을 해서 하는 일이다 보니, 창고로 쓸 만한 작은 사무실 외에는 필요하지 않아 기초자본금이 적게 들어가는 일이다.

방문연락이 오면 현장에 출동해 아주 저렴한 비용으로 배터리를 교체해주고, 보닛을 열어서 보게 된 차의 기계 환경에 대해 조언해주는 일과, 차를 관리하는 방법을 설명해주고 하는 상세한 친절관리가 고객들에게 큰 기억으로 남게 했다.

그렇게 관리를 받던 고객이 단골이 되고, 소개를 해주며 개인관리를 철저히 했던 고객과의 관계 관리가, 이마트 총본부와의 계약으로 성사가 되어 전국 각 지역 이마트점에 제품공급을 하게 되고, 대도여객과의 계약으로도 성사가 되어 대형타이어 집중 관리점을 맡게 되었던 것이다.

방문출동 전화가 오면 제일 먼저 챙기는 것이 '찍찍이 스티커'이다.

현장에 가서 고객과의 일이 끝나면, 그 주변에 항상 붙이거나, 사람들에게 전달해주고 오는 홍보작업을 항상 하고 돌아왔다. 컨설팅을 하는 동안 계속 만나면서 일하시는 모습을 관찰하고 피드백을 해주며 고충과 애로사항을 파악했다.

전 대표는 본인 형편에 맞게, 몸이 좀 고달파도 직접 발로 뛰어서 양심적인 기계 관리를 해주고, 그 고객의 신뢰를 받아 고객과의 관계 관리를 잘한 것이 대형버스나 트럭이 진입해도 좋을 만한 넓은 평수로 이전 창업하게 되었던 것이다.

　차는 보닛 속의 배터리가 생명인데, 그 보닛 속을 열어보며 개인의 속내를 다 들여다보는 것처럼, 진심으로 진정성 있는 고객과의 커뮤니케이션이 더 큰 사업으로 성장할 수 있었던 것이다.

제4장

창업 및 자금력

01
창업계획서 및 사업계획서

　창업과정의 첫 원동력은 '기회'를 포착하는 것이며 진정한 기회는 팀의 재능이나 또는 초기에 제공될 수 있는 자원들보다 훨씬 중요하다.

　특정 아이디어나 아이템이 창업 구현 가능성이 있는 것인지를 재빨리 판단해 낼 수 있으며, 얼마나 많은 시간과 노력이 필요할 것인지를 결정할 수 있는 능력이다.

　창업과정은 기회 추구적이어서 일단 성공적인 진입을 하고 시간수명에 따른 대체방안을 기획해서 창업을 해야 한다. 내가 하려는 특정 아이디어와 아이템이 시장화됐을 때, 시장의 수요는 창업기회를 측정하는 데 있어 아주 중요한 요인으로, 소비자가 쉽게 확보가 될 수 있을 것인지, 혹은 시장 점유율과 성장 잠재력이 같은 것인가를 예측하고 감안해야 한다.

창업계획서는 창업을 준비하는 업종에 대해 일련의 활동에 대한 계획으로 사업계획을 기록한 가장 기초적인 자료로써, 본 예비창업자의 창업 아이디어나 창업 아이템 및 서비스의 사업기회와 시장성을 은행 및 투자자 등의 잠재 지원자에게 확신시켜, 이들로부터 자금지원을 받기 위하여 만드는 서류이다.

간단히 표현하자면 대인관계, 사업 적응력, 성품, 인생관 등의 정보를 얻을 수 있으며, 작성된 문장을 통해 논리성, 자신의 사업에 대한 열정과 능력 등을 확인해 볼 수 있는 자료이다.

그럼 창업계획서 작성이 왜 중요한지 알아보자.

우선 창업계획서는 장기적으로 성장해서 돈을 많이 벌자고 하는 시작단계이다. 그 시작단계의 첫 단추를 여미는 작업으로 다음과 같이 쓰인다.

- 예비 창업자의 사업동기와 장래성을 판단한다.
- 예비 창업자의 발전전략과 사업 전개 능력이 어디까지인가를 확인하고자 한다.
- 인, 허가 기관에 대한 서류를 제출할 때 필요하다.

■ 동업자 및 후원자를 찾기 위한 보고서 자료로써도 활용한다.

■ 창업과정 전략 요소 점검과 부족한 부분의 분석자료로 쓰인다.

■ 창업계획서는 외부 투자자의 타인자금 조달 기초자료로 쓰인다.

그럼 창업계획서 작성 전에 준비해야 하는 자료를 알아보자.

■ 예비 창업자의 사업목적과 내용, 사업형태, 사업의 효과는 무엇인가?

■ 동종업계 현황과 시장규모의 크기는 얼마나 되는가?

■ 시장점유율과 경쟁관계의 사업자들의 사업현황을 살펴본다.

■ 제품 및 서비스 침투 가능성은 어디까지 하면 되겠는가?

■ 판매 전략과 형태, 가격정책, AS 계획 및 국내 판매계획의 매출에 관련된 계획.

■ 외주를 줄 것인가, 자체 생산계획을 할 것인가의 제조공정과정의 생산계획.

■ 설비투자계획.(적정규모의 제조 및 검사설비, 구입거래처, 수량 등.)

■ 업무흐름에 따른 조직 체계도, 직무 및 직위별 충원계획 등의 인원조직 계획.

■ 재무계획과 자금계획.(총 소요자금계획, 유동자금 조달계획 및 어느 시점의 차입계획, 차입금상환계획은 어떻게 할 것인가?)

■ 사업추진에 따른 일정 검토와 일자별 주요계획의 추진계획.

■ 해당사항이 되는 부속자료의 준비.(인건비 명세서, 제조원가 명세서, 제공 가능 담보물 제공, 특허권 내용, 설비구입 견적서, 제품 설명서.)

　창업계획서 및 사업계획서는 자기 자신의 성장을 비롯해, 사업장의 성장을 하기 위한 수립문서이다. 두 계획서 모두 자금조달을 위한 기록문서이다.

　창업계획서 및 사업계획서는 첫 번째가 철저한 자기검증을 필요로 한다. 자신의 비전 및 철학을 가지고 자신의 경험에 비추어 자신의 핵심역량이 무엇인지 분석 검증해서 인적, 물적자원을 동원하고, 꼭 성공하고 말겠다는 간절한 자기 자신과의 확고한 약속이 있어야만 긍정적인 네트워킹을 할 수 있는 것이다. 사업에 있어서 차별화된 특허 및 기술력은 더욱 선물과 같은 존재이다.

　이러한 철저한 자기 검증이 끝나면 사업계획서를 수립해야 하는데 몇 가지의 원칙에 준해서 작성하면 된다.

■ 목표중심적인 접근력.

■ 진정성.(나 자신과 상대방에 대한 진실성.)

■ 모든 사업도구에 따른 차별적인 창의적 접근력, 주요 일정별 실행계획.

■ 기간별 목표설정과 실행과정의 측정별 데이터 산출 가능.

■ 위험요인 분석 및 평가와 대응방안이 반드시 수립되어야 한다.

02
창업자금의 예산 준비 전략

　창업을 고려하는 사람들은 어떤 아이템을 가지고 점포를 낼 것인가를 고민할 때 업종에 상관없이 예산을 걱정하지 않을 수가 없다.

　업종과 상권에 따라 자금의 차이가 달라지므로 보유자금에 비례해서 상권이 좋다고 빚을 내서 무리한 창업을 하게 되면 실패 시 리스크가 상당히 커진다. 최악의 경우 개인파산에 이르면 돌이킬 수도 없는 상황을 야기하고, 재창업도 못 하게 될 지경이 되므로 내 형편에 맞는 업종과 상권을 선택하는 것이 바람직하다.

　따라서 점포를 얻고, 설비와 인테리어를 얻는 데 들어가는 돈과 적어도 3개월~6개월간의 운영비(필요한 재료 또는 재고 구입비, 임차료, 인건비, 초기 마케팅 비용 등)를 고려해야 한다.

오픈을 하고 바로 정상 궤도로 오르면 다행인데 정상 궤도로 오르는 데 예상보다 기간이 더 소요될 수도 있다면 점을 감안할 때 운영비 예비자금을 비축해 놓지 않는다면 쉽게 허물어질 수 있기 때문이다.

최근에는 아무리 대형외식업체라도 창업 시에 초기자금의 절약을 위해 고객 접점지역 공간인 홀과 테이블 세팅, 그릇 등은 세련되고 새롭게, 새것으로 모두 세팅하되, 주방설비는 모두 중고로 하는 업체들이 점점 늘어나고 있다.

그리고 자신이 가진 돈이 부족한 경우 얼마를 대출받을 것인가를 정해야 한다. 불가피하게 은행 등의 금융기관으로부터 자금을 빌릴 때에는 부득불 폐업하게 될 경우, 자신이 투자한 돈으로 빌린 돈을 모두 갚을 수 있는 수준까지만 빌리는 것이 바람직하다. 그래야 가게를 그만두더라도 빚이 남지 않고 이후 취직이든 재창업이든 재기의 바탕을 새롭게 삼을 수 있기 때문이다.

점포를 얻게 되면 점포보증금을 담보로 대출을 받으면 대출이자가 저렴하다. 따라서 임차보증금 범위 내에서 은행으로부터 돈을 빌리는 것도 방법 중의 하나다.

개인 사업자의 경우 담보로 제공할 수 있는 부동산이 있다면 손쉽게 대출을 받을 수 있다. 담보대출이므로 이자도 저렴하고 사업운영

순환이 조금은 편안하다.

그러나 담보가 없다면 대출을 받는 것이 쉽지 않다. 더군다나 예비 창업자는 아직 부가세 신고도 한번 하지 않은 상태이므로 어떤 프로그램도 활용하지 않고 창업에 도전을 했다면 신용대출을 알아보고, 서민금융진흥원의 창업자금이나 각자 조건에 맞는 창업대출 상품을 찾아봐야 한다.

우선 담보 없이 대출받을 수 있는 방법을 찾아보고자 한다.

■ 정부관련기관이나 사회단체에서 지원하는 장기 저금리 정책자금 대출.

■ 저소득층 사업자 중 고금리 대출을 저금리로 전환시켜주는 대출.

■ 은행이나 제2금융권에서 취급하는 일반 소호대출.

본인이 담보대출을 낼 수가 없는 경우라면 장기 저리로 대출해주는 정책자금 대출부터 대출이 가능한지 알아보고, 대출이 어려운 경우 일반 소호대출을 알아보는 것이 순서이다.

이 부분에서 보통 생각하기를 소상공인시장진흥공단 창업자금을 문의하는데, 소상공인시장진흥공단의 창업자금은 사업자등록증을 만들고 창업한 상태에서 3개월이 지난 후에야 가능하다. 그 시점에서도 세무서에 부가세 신고가 한 번도 되지 않은 경우 신용등급에 기준하여 금액이 결정되고 대출이 가능해진다.

또한 서민금융진흥원(옛 미소금융)은 창업자금이라야, 점포보증금 정도를 빌려준다. 최대한도가 2천만 원 정도이다.

최근에는 각 지방자치단체에서도 잘 알아보면 창업자금 대출상품이 있다.

세세한 내용은 네이버든 구글이든 검색해서 찾아보고, 정보를 습득한 이후에 궁금한 것은 메모를 해서 각 지역 센터로 나가서 직접 전문위원들과 상담해보기를 권한다.

03
업종의 업태 스타일에 따른
판매구조의 수익 구조 차별화

사업자등록증의 업종과 업태를 현재의 사업형태로만 생각해서 등록을 하게 되면, 막상 사업진행을 하다가 요즘처럼 SNS 등의 파워가 날로 성장하면서 판매구조가 어떻게 발전할지 모르는 상황이 되고 만다. 수출로도 연결되고 전자통신판매로도 연결될 수도 있기 때문에 처음 사업자등록증을 만들 때 어떤 일로 발전이 되어서 번창할지 모르므로 미리 등록을 해두는 것도 긍정적인 방편이 될 수 있다.

또한 막상 예상치 못한 일이 발생되었을 때 그제야 자격조건에 맞추어 준비를 하다가는 매출을 놓쳐 버릴 수가 있다.

두 가지 문제점이 더 있는데 한 가지는 대출심사를 받을 경우 업태로 인해 연간 부가세 과세표준액이 엄청 높은데도 불구하고 업태로 인해서 예상보다 적은 금액을 받기도 하고, 예상치 못한 일로 더 받을 수 있는 것도 못 받기도 하며 막힐 수도 있다는 점이다.

또 하나는 소상공인시장진흥공단뿐만 아니라 다른 기관에서도 컨설팅을 무상으로 받을 수 있는 제도가 있는데 업태 때문에 업체가 원하는 컨설팅서비스를 못 받는 경우도 있다.

한 예로 현재 진행 중인 사업체는 매출이 연간 16억 원인데 부가세 신고를 적게 해서 대출도 적게 받을 수밖에 없고, 주방시스템 개선을 하려고 해도 실제 제조를 하고 있음에도 문서상 업태에 제조를 넣지 않아서 아무 혜택을 받지 못해 최근에 이르러 확인 후 고치고 있다는 전화가 왔다.

1) 유동자금 회전에 관한 매출관리와 신용평점체제 관리

부가세 과세표준액 합계금액에 기준하여 소득평가와 대출 한정액을 산출하므로 신고금액을 속이려 하면 향후 차기년도 유동자금 확보에 어려움을 겪게 된다.

중소기업중앙회는 '사업자공제기금'과 '노란우산공제'라는 상품을 중소상공인을 위해 운영하고 있으며 특히 '노란우산공제'는 탈세를 예방하고 사업자의 퇴직금 개념으로 종합소득세를 44%까지 감액해

주고 있다. 또한 어떠한 경우에도 압류나 명도 이전 등을 할 수 없도록 중소기업법으로 중소상공인을 보호하는 상품으로 최대 100만 원까지 가입이 가능하다.

비록 적은 금액의 지방세 및 부가세와 종합소득세 등의 국세 등은 체납을 하지 않아야 한다.

집집마다 아이들 등록금이나 교육받을 때 지불한 학자금도 비용처리가 되기 때문에 세금혜택을 받을 수 있다. 그러기에 세무 과세 표준액 신고를 속이며 탈세를 할 경우 나중에 발각되면 더 많은 추징을 당한다. 추징을 당하는 것도 큰 문제이지만 세무관련 '노란우산공제'를 거론하는 것은 세무법과 금융법의 변화로 제대로 바른 신고가 되지 않으면 차후년도의 유동자금을 쓰는 데 있어서 대출금 환산 가능수치에 영향을 크게 주기 때문이다.

사업자는 직장인과 달리 세무신고의 정당한 세금납부로 인해 연봉 수익을 환산하여 모든 금융기관을 통한 제도권에서 자료로 활용하고 있다는 것을 명심해야 한다.

2) 성공하는 사람들의 마인드

다니엘 핑크는 '새로운 미래가 온다'에서 미래 인재의 조건으로 다음의 6가지를 언급한다.

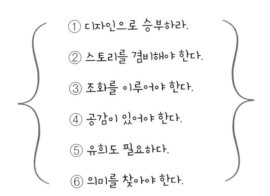

① 디자인으로 승부하라.

② 스토리를 겸비해야 한다.

③ 조화를 이루어야 한다.

④ 공감이 있어야 한다.

⑤ 유희도 필요하다.

⑥ 의미를 찾아야 한다.

다니엘 핑크는 10여 년 전부터 미래의 변화를 예측하고 인재상의 조건을 제시하였는데 그것이 현실이 되고 말았다. 우뇌형과 좌뇌형의 절충된 인간형이 미래의 원하는 인성과 품성을 지닌 인간이라는 얘기다.

기업가 정신은 실질적으로 아무것도 아닌 것에 가치 있는 무언가를 만들어내는 창의적인 행동이다. 보유하고 있는 자원의 부족을 감수하고 새로운 기회를 추구하며 비전을 추구함에 있어 다른 사람들을 이끌 열정과 헌신, 계산된 위험을 감수하는 의지가 필요하다.

-제프리 티몬스(Jeffry Timmons)

누구나 다 아는 얘기지만, 인성과 품성을 갖춘 자가 리더십까지 겸

102

비해야 한다고 얘기한다. 거기에다가 필자는 자기 경영능력, 자기관리, 자기혁신 등의 자기관리가 철저해야 한다고 생각한다.

기업가 정신을 거론하기에 앞서 기업가라고 하면 단순히 사업하는 사람이라고 생각할 수 있지만 진정한 기업가는 변화를 지켜보며, 기회를 찾아 아이디어를 꺼내 도전하고 개척하는 정신을 가진 사람의 총체이다. 그렇기 때문에 드러커는, 기업가 정신은 자기 혁신을 위한 거대한 정신이 될 수 있다고 강조했다.

한마디로 자기 의지와 자기 멘탈이 강한 사람이 기업가 정신으로 무장이 되어 있고 창업을 하든 전문 직업인이든 어떤 어려움이 닥쳐도 정신력이 강하지 않으면 버틸 힘이 나지 않으므로 성공한다는 것은 바로 정신력이라고 할 것이다.

3) 신용평점관리방법

■주거래 은행의 활용을 최대화해야 한다.(각 은행은 본 금융사만의 주 업종 상품이 있으므로 나에게 합당한 은행이 어느 곳이 잘 맞는지 체크해서 거래해야 한다.)

■폐업하거나(문서상) 사업자의 명의가 바뀌기 전에 그 조건을 활용하여 다음 계획자금을 미리 준비한 후 사표 및 문서폐업을 한다.

- 마이너스 대출 약정은 조심한다.(이윤이 많이 싸지만 잘못 관리하면 복리이자를 변제할 수 있으며,변제할 만한 능력으로 거래가 되어야 한다.)
- 대출 신청을 남발하면 안 된다.(대출을 신청하기 전에 먼저 여러 금융기관의 대출 조건을 꼼꼼히 비교하여 비교우위에 있는 금융기관에 신중히 신청해야 하며 금융 매니저의 도움을 받으면, 신용조회를 하지 않아도 적절히 가상조회라는 제도를 활용하여 할 수 있다.)
- 신용정보관리기관(나이스체크/올 크레딧) 등에 연회비를 내고 본인의 신용평점을 관리하는 것이 가장 좋다.
- 신용관리는 꾸준히 세심하게 체크하면서 해야 한다.(모든 것에 절대로 연체하면 안 된다. 연체일수도 연 합계를 통합해서 전 금융기관이 공유하고 있음을 상기해야 한다.
- 신용조회를 포함한 대출건수가 일 년에 7건의 기록만으로도 평점 하락이 되며 평점합산으로 등급이 하향 조정됨을 기억해야 한다.

신용평가 시스템의 기준

- 안정된 직장과 정기적인 소득, 자신 명의의 부동산, 특정 은행과 오랜 거래의 신뢰도, 다른 대출이 없다면 높은 신용을 가질 수 있음, 연체 사실이 없어야 함, 신용평점 관리.

- 2017년 3월부터 신용등급제에서 신용평점제로 바뀌었음을 설명해 준다.
- 문서 및 전산상 입증되는 수입대비 대출금 환산방법이 바뀐 것에 대해서도 설명해 준다.

관리의 필요성

- 자산관리는 현재 제도로는 금융법 및 부동산법이 강화되어 평상시의 철저한 관리가 중요하며 부채 관리에 실패하면 일상생활뿐만 아니라 현실적으로 지장을 초래하고 압박을 받는다.
- 전산에 전체 공유가 되므로 모든 일이 손발이 묶여 손쓰기 어렵게 제한을 받는다.
- 가족의 정서가 피폐해지며 자식에까지 빚이 상속될 수도 있는 상황을 초래한다.
- 부채 관리의 중요성은 자산관리의 효율성보다 훨씬 큰 혜택과 만족을 얻는다.
- 최근 시스템은 부채의 상당 부분을 어떻게 활용하느냐에 따라 자산화될 수 있는 소지가 있어 자산과 부채관리는 떼놓을 수 없는 상관관계가 있다.
- 신용관리를 잘하면 그것을 자산으로 급히 쓰고 갚고를 원활히 할

수 있으며, 금융기관의 정보공유로 인한 보이지 않는 약속에 대해서 절대로 연체를 하지 말아야 한다.

좋은 신용의 6가지 잣대

① 신용 불량 여부와 기록.

② 통합 금융 정보망의 연체 기록 정보.

③ 소득액.

④ 해당 주거래 금융기관의 기여도.

⑤ 금융권 신용대출 총 잔액.

⑥ 정기적금의 기여도.

제일 중요한 것은 모든 종목에 체납사실이 없어야 한다.

제5장

업종 선택과 비용절감

내 경우는 올빼미형 스타일이다. 아침 일찍은 기운도 없고 비실거리고 빨리 일어나봐야 7시다. 그래서 아침밥상을 전날 늦은 밤에 준비를 해놓고 잤다. 장사를 하다 보니 퇴근은 밤 11시. 이렇게 생활하는 것이 습관이 돼버렸다.

업종 선택 시 가장 기본적인 것은 자신이 자신을 제일 먼저 분석해서 잘 맞는 것을 매칭시키는 일이다. 자신의 적성, 경험, 생활패턴 등을 고려해야 하고 아침형 인간인지 올빼미형 인간인지, 노는 걸 좋아하는지 음식을 좋아하는지 여러 가지 자신에 대한 분석을 파악해서 업종을 선택해야 실패율을 가장 최소화시킬 수 있다.

또한 친인척이나 부모님께서 하시는 사업이 있으면 충분히 의논해서 근무해보는 경험을 하므로 운영 시스템을 익혀보고 난 뒤 자신 있는 과거 경험과 경력 전문지식, 학맥, 인맥 등을 살릴 수 있는 여러 가지 업종 중에 두루 시장조사도 해볼 필요가 있다.

업종을 선택할 때는 인기가 있다고 해서 덥석 달려들어도 안 되는 일이고 남이 잘된다고 해서 타 지역에 가서 잘될 거라는 생각을 가져서도 안 된다.

본인이 하고자 하는 업종이 어떤 상권입지와 잘 맞아 떨어지는지도 조사해보고 같이 검토해보는 것이 바람직하다.

예비창업자로서 자신이 잘 서지 않고 확신이 들지 않는다면 전문기관의 제도를 이용해 보는 것도 좋다. 창업넷, 소상공인시장진흥공단, 각 지역 경제 진흥원, 지자체, 서민금융진흥원 등의 컨설팅을 신청해서 조언을 받거나, 창업사관학교 및 재창업 패키지 사업의 교육제도 혹은 소상공인 창업경영교육을 받아보는 것도 아주 큰 도움을 받을 수 있다.

단 특정 업종이나 아이템을 유치하는 마케팅 업체(예: 프랜차이즈를 모으기 위한 컨설팅 회사)를 선택해서 업종 선택을 하는 일은 조심해야 한다.

선호도가 높은 업종은 대체적으로 지역선호도와도 연관이 깊을 수 있고 해마다 트렌드의 영향으로 뜨는 업종과 사양길로 드는 업종도 있다. 이를 확인하려면 소상공인시장진흥공단의 상권분석 시스템이나

BC카드사 홈페이지에 들어가서 자신이 관심 있는 지역, 그 지역에서 매출이 높은, 인기 있는 업종, 평당 인구 밀집도, 주변상권의 업종이나 유사상권 및 중심상권의 매출비교도 해볼 수 있다.

현대카드사 통계청 등 자료는 충분히 조사해 볼 수 있으니 무조건 기획 부동산 컨설팅업체의 말을 믿지 말아야 한다.

그리고 누구든지 덤벼서 할 수 있는 업종은 피해야 한다. 편의점, 아바타 선물가게, 국수가게 등은 수없이 창업하고 폐업하고를 반복하고 자주 바뀐다. 그러나 진입장벽이 낮고, 아무나 할 수 있고, 누구든지 손쉽게 덤벼볼 수 있는 업종이라도 나만의 필살기가 차별화된 경쟁력으로 살아남을 수 있는 노하우가 된다면 한 집 건너 있는 업종이 주변에 있더라도 실패하지 않는다.

02
개인 사업일 때와 프랜차이즈 사업일 때의 차이점과 장단점

- 영업표지의 사용권 부여에 관한 사항

- 가맹점사업자의 영업활동 조건에 관한 사항

- 가맹점사업자에 대한 교육, 훈련 경영지도에 관한 사항

- 가맹금 등의 지급에 관한 사항

- 영업지역의 설정에 관한 사항

- 계약기간에 관한 사항

- 영업의 양도에 관한 사항

- 계약해지의 사유에 관한 사항

- 가맹금 등 금전의 반환조건에 관한 사항

- 가맹점사업자의 영업설비, 집기 등의 설치와 유지, 보수 및 그 비용의 부

114

담에 관한 사항

- 가맹계약의 종료 및 해지에 다른 조치 사항
- 가맹본부가 가맹계약의 갱신을 거절할 수 있는 정당한 사유에 관한 사항
- 가맹계약 위반으로 인한 손해 배상에 관한 사항
- 가맹본부와 가맹점사업자 사이의 분쟁 해결 절차에 관한 사항
- 가맹본부가 다른 사업자에게 가맹사업을 양도하는 경우 종전 가맹점 사업자와의 계약에 관한 사항

위 사항들은 프랜차이즈 계약 시 유의해서 살펴봐야 할 아주 중요한 내용이다.

자영업 분야에 근무를 해본 경험이나 알바를 해봤거나 하는 경험이 전무한 사람들은 프랜차이즈의 힘을 빌리려 한다. 예비창업자들은 운영경험이 없다 보니 직접 부딪혀서 맞닥뜨린다는 것이 우선 두렵고 유통 루트도 자세히 몰라서 불안하기도 하고 자기 상품이 됐든 사람이 됐든 퍼스널 브랜딩을 한다는 것에 자신감이 없어서 순수익이 좀 적더라도 안정성 있는 프랜차이즈 경영체에 의존하려고 한다.

프랜차이즈란 법률상 지역권 또는 연고권을 뜻하는데 '가맹사업거래의 공정화에 관한 법률'(이하'가맹사업법'이라고 한다.)에서는 '가맹사업이라 함은 가맹본부가 가맹점사업자로 하여금 자기의 상표, 서비

스, 상호, 간판 그 밖의 영업표지를 사용하여 일정한 품질기준이나 영업방식에 따라 상품 또는 용역을 판매하도록 함과 아울러 이에 따른 경영 및 영업활동 등에 대한 지원 교육과 통제를 하며 가맹점 사업자는 영업표지의 사용과 경영 및 영업활동 등에 대한 지원 및 교육의 대가로 가맹본부에 가맹금을 지급하는 계속적인 거래관계를 말한다.'라고 규정하고 있다.

본부와 가맹점 측의 입장 차이의 장단점은 다음과 같다.

가맹본부 측		가맹점 측	
장점	단점	장점	단점
적은 비용	불량점포 관리	오픈 전 지원	제한적 독립성
빠른 확산	비신속 시스템	일관성 있는 상품	지나친 본부 의존
리스크 분산	비효율성	지속적인 지원	자체 독립성 부실의지
규모의 경제		일정 수준의 독립 보장	
노동 동기부여 크다		적은 비용으로 창업	
		검증된 사업 아이템	
		대규모 마케팅	

그렇다면 프랜차이즈의 장점을 살펴보자.

- 가맹점에 적절한 인센티브를 제공할 수 있다.
- 단기간 고속 성장을 위한 지원을 받기가 쉽다.
- 수익성 있는 재무 모델을 만들 수 있다.

프랜차이즈의 단점은 다음과 같다.

- 가맹본부와 가맹점 간의 목표 갈등이 자주 발생한다.
- 거래비용의 문제가 발생한다.
- 혁신과 변화가 어렵다.

국내 프랜차이즈의 문제점은 외식업의 업종 편중이 무척 심하며 영세하다. 국내 유명 프랜차이즈는 그 나름대로의 갑질을 하고 있고 막 시작하는 프랜차이즈는 업종이 좋더라도 운영시스템의 나약함으로 낮은 생존율로 불안함을 안고 장사를 해야 한다.

불안정한 사업구조와 가맹본부의 창업과정이 비체계적이고 전문 인력도 많이 부족하다는 것이다. 가맹점에 대한 통제 및 관리 능력도 부족하여 프랜차이즈와 계약하고자 하려면 많은 조사와 발품을 팔아야 한다.

어떤 업종을 선택했느냐에 따라서 상권입지를 달리 하고 어떤 방식으로 사업방향이나 판매방식을 전개할 것인가에 따라 상권입지가 다르기 때문에 충분히 고려하여 점포를 찾아야 한다.

부동산 전문가들도 가면 갈수록 기획부동산 컨설팅과 실질적으로 지역에서 신뢰도만으로 활동하는 부동산 전문가가 있다. 부동산 컨설팅을 제대로 해주는 전문가를 만나는 것도 복이다.

온라인 판매방식을 하게 되면 최상의 상권입지에 점포를 얻을 필요가 없다. 상권이 전국강타로 사업방향을 잡았기 때문이다.

오프라인 판매방식을 주 업태로 하고 온라인 운영을 2차적인 상권으로 한다면 사업방향에 맞게 최상의 상권에 점포를 마련해야 한다.

옛날에는 상권입지 조사를 할 때 유동인구 시간대별조사 및 통행량, 사람과 차의 방향, 주차공간, 고객 접근력, 가시적 방향 등 통계적 문서를 들고 현장에서 실사를 할 필요가 있었는데, 요즘은 앞에서 설명했듯이 운영방식을 어떻게 할 것인가를 결정한 뒤에 점포 마련을 해야 하는 관계로 상황이 많이 변했다. 그래도 가장 기본적인 고려사항은 알아야 할 것이다.

■ 평당 잠재적 인구를 포함한 유동인구에 대해 분석한다. 예전에는 유동인구를 예상고객으로 보는 중요성 때문에 파악을 해야 한다고 했으나 요즘은 유동인구가 홍보고객 역할을 할 수 있기 때문이다.

■ 점포를 마련할 예상 상권입지에 유사업종이나 경쟁업종이 보이면 주 업종상품의 판매율이 높은 시간대와 아닌 시간대의 점포 방문율을 현장 실사로 조사, 분석할 필요가 있다. 예비창업자의 자신감과 노하우가 있다면 이와 같은 조사율은 참작할 용도로 쓰일 뿐이다.

■ 오르막인지 내리막인지를 잘 살펴야 한다.
사람들은 오르막을 힘들어하며 내려가는 것을 편안해한다. 그래서 작은 동네 안 사거리 골목에서도 오르막 사거리보다는 내리막 사거리나 내리막 사거리 못 미쳐서 근방에 점포를 잡는 것이 훨씬 활성화시키기가 좋다.
또한 사람들에게 설명하기 좋고 쉽게 기억할 수 있는 큰 건물이나 정부관계 건물, 전철역, 유명한 프랜차이즈 건물 등의 그 옆으로 5분 거리나 그 아래쪽으로 10발자국, 이런 식으로 설명이 될 수 있고 찾아오기 쉬운 자리면 더 좋다.

일반 도로인데도 오르막이나 내리막을 표현할 때가 있는데 큰 도로 사거리 쪽은 보통 위 방향으로 설정이 돼 있어서 오르막이라 표현하고, 버스정류장이나 전철역 등의 중심 상권가에서 살짝 벗어나 사람들이 운집해서 이동률이 모이는 곳을 내리막으로 표현하는데 일반적으로 후자 쪽이 더 좋은 점포이다.

■ 협력업종이 서로 모여 있는 거리나 상권 쪽으로 점포를 보는 것이 정답이다. 어떤 사람은 권리금이 없다거나 주차하기 좋다고 길 끝의 점포를 구하거나 예상창업업종과 전혀 상관이 없는 점포 옆에 점포를 구하기도 하지만 세차장, 이삿짐센터, 고물상 등의 옆은 흐름이 끊긴 상권으로 판단하면 된다.

상가는 사람의 흐름의 연속성이 이어지는지를 보는 게 가장 중요하고 주변의 아파트 유입동선이나 차의 퇴로선 등을 살펴서 준비해야 한다. 큰 도로변의 버스나 차량의 방향도 시내 진입 쪽으로 있는 상권보다는 시내에서 나오는 방향 쪽으로 있는 상권이 대체적으로 활성화되어 있다. 특별한 업종을 제외하고는 출근길목 도로보다는 퇴근길목 도로의 점포가 훨씬 좋다. 하물며 최근에는 대리운전 비용도 아끼느라 집 근처 카페나 식당 술집에서 가볍게 한잔 하는 풍토이고, 살펴보면 베드타운 주변으로 소소한 업장들이 늘어나는 것을 볼 수 있다.

서울 인헌시장 내에 있는 신선식품은 참기름, 들기름 등을 직접 짜서 팔고 선식가공과 직접 짠 기름을 발라 숯불에 구운 김이 주 상품이며 취급상품의 전통적인 한국 입맛의 선호도로 인해 동네 작은 재래시장에서 장사해야 하는 업종이다.

　자금이 모자라서 유명 먹거리 점포의 건물 중간 점포를 얻었는데 그나마 열심히 하고 맛으로 승부를 내서 입소문에 의해 소문난 집이다. 먹어본 사람들이 이사를 가면서 택배주문이 일어나기 시작했고 택배주문이 늘면서 온라인 판매도 해볼 만한 가치가 높다는 판단에 판매라인을 온라인 유통으로 O2O(Online to Offline의 줄임말이다. 유통 관점 개념으로는 온라인 플랫폼을 통해 실제 오프라인에서 일어나는 활동을 일으키는 일종의 비즈니스)를 시작했다.

형편에 맞추어 장사한 지 3년 만에 나름대로 계획한 정상진입을 했고 그 다음 상위진입을 하려니 시스템 구축에 맞춰 지도를 받고 싶다고 컨설팅을 신청한 경우다.

그곳 대표님의 생각대로 취급상품의 특성상 재래시장에 점포를 구입한 것은 아주 결정을 잘한 것으로 업종을 먼저 찾고 업종에 맞는 상권입지를 찾아낸 경우다.

인헌시장은 주택가(아파트를 포함한)로 진입하기 위해서는 큰 도로변의 버스정류장에 하차하면 꼭 거쳐서 걸어가야 하는 일직선 골목길 시장이다.

현장 실사를 가서 사방도로 15도 각도에서 신선숯불김을 파는 가게가 보이나 싶어 실사를 해보니 전혀 보이지 않았다. 또한 신선숯불김 가게는 바로 옆 가게와 연결해 붙어 있지 않고 건물출입문 때문에 떨어져 있는 점포였다.

그런 입지점포에서 성공한 실력은 친절함과 고객 입맛에 맞는 수제 가공으로 단골 및 충성고객이 엄청나게 많았던 덕분이었다. 그리하여 내부기계설비의 순서에 맞는 일하는 동선에 맞추어 구조설계를 다시 짜드렸고 외부전면 매대와 간판은 고객관점에서 요즘 트렌드에 맞게 조정해야 함을 디테일하게 설명해드렸다. 아울러 좁은 평수의 수납을 정말 잘 쓸 수 있도록 도와드렸다.

상표작업과 왜 상표를 써야 하는지 설명해드렸고, 일하는 3명의 직원들 앞치마 컬러를 진밤색으로 모두 갖추었고 고객친절서비스는 상당히 좋았지만 진심을 좀 더 담아서 하는 스피치를 설명해드리고 그럴 때 고객들이 받아들이는 심리적인 마음을 알려드렸다.

현재는 온라인 택배가 더 늘어나서 종일 앉을 틈이 없다고 말씀해주시는데 참 고마웠다.

또 한 예는 정선군 신동읍 예미리 시골 이야기다.

예미리라는 동네는 정선과 태백을 가기 위한 중간경유지이다. 그곳에서 청정한우식당을 하는 대표님은 상권입지에 맞는 업종을 선택한 경우다.

그곳 대표님은 농협 지점장을 하다가 은퇴한 경우로, 단위농협지점
장으로 근무할 당시 한우의 소비량이 매우 높았다고 하는데 지역민
의 거주인구가 작아서 그 매출 판매량이 나올 수 없는 수치라고 말씀
하셨다.

그러나 마침 본가의 친척 분께서 한우목장을 하고 있어 '신동청정한
우'라는 식당과 정육점을 겸비하여 창업을 했다. 그런데 식당 쪽은 고
기가 맛나다고 외부고객의 입소문으로 계속 늘고 있는데 정육 파트는
소고기만 취급하다 보니 한계가 있었다.

상권입지에 맞는 업종선택으로 성장을 잘한 경우로 상품력도 인정
을 받고 입소문에 의한 고객의 홍보로 널리 알려져 있는데도 불구하
고 광고방법 등 여러 가지를 도움받고자 해서 경영개선을 해드렸다.

가족고객들과 단체고객들의 유치를 편안히 하기 위해 대형 가족실
을 만들고 좌식테이블을 불편해하는 사람들이 있어서 입식테이블 홀
을 만들었다. 그 지역까지 관광을 오게 되면 한우를 먹지만 지역사람
들과 한우를 싫어하는 사람들을 위해서 돼지고기 신메뉴도 만들어 판
매하도록 했다. 또한 업종에 맞는 SNS 광고 전략도 지도하고 설비공
사에 도움이 될 수 있도록 지자체 자금지원을 받는 것을 도와드려서
바로 공사를 할 수 있었다.

05
임대차 계약 시 보증금관리에 대한 대처방안

임대차 계약을 할 때는 꼭 건물주 당사자와 해야 한다. 만약의 경우 문제가 생겼을 경우 보호받아야 하기 때문이다.

- 정당한 소유권인지의 여부를 알기 위해 등기부등본상의 본인과 맞는지를 주민등록증과 비교하여 확인한다.
- 소유권자 외에 임대차목적물의 권리관계를 확인해야 한다. 혹시 임대차목적물에 저당권이나 임차권 등이 설정되어 있으면 임차권을 행사하지 못하거나 임차보증금을 제대로 돌려받지 못할 수 있기 때문이다. 일단 등기부등본을 열람해보고 저당권과 가압류 등을 확인하고 실소유주임을 확인해야 한다.

- 임차권자는 실제 내가 쓰고자 하는 임대차목적물의 현황이 무엇으로 되어 있는지 확인할 필요가 있다.

- 상가임대차의 경우에는 타인의 사업자등록이 되어 있을 수도 있어서 그 여부를 확인해 봐야 한다. 이는 나중에 정책자금지원을 받을 때에 지장을 초래할 수도 있다.

■ 등기부등본은 처음에 계약할 때 필히 발급받아서 위 설명과 같은 사안을 확인해보고 운영 중에도 인터넷등기소에 이상변동이 있는지를 수시로 확인해봐야 한다.

- 임대차계약서를 작성할 경우 그냥 도장이나 사인을 하지 말고 모두 약정한 대로 제대로 작성되었는지 여부를 확인하고 날인해야 한다. 간혹 이중계약서(다운계약서 등)를 작성하는 경우가 있는데 이중계약자는 보호받지 못함을 인지해야 한다.

- 부동산 사무실 등에서 대리인으로 나설 경우가 있는데 대리인의 위임을 계약한 위임서와 인감도장, 인감증명서를 확인하고 임대차계약을 체결해야 보호받음을 알아야 한다.

- 임차보증금이나 월세 등의 현금 입출금은 항상 통장으로 직접 임대인 명의의 통장에 입금시키고 문자나 카톡으로 '0월 0일 0월분 00만 원을 농협계좌로 입금시켰습니다.' 등의 문자를 보내면 만약의 경우, 증빙자료를 필요로 할 때 자료가 될 수 있다.

- 임대차보호법의 보호를 받고자 한다면 확정일자를 받은 후 주택이라

126

면 전입신고를, 상가라면 사업자등록을 해야 한다. 단 주택의 경우 임차보증금이 고액이라도 주택임대차보호법의 보호를 받을 수 있지만 상가의 경우에는 지역별로 일정 금액을 초과하는 보증금은 상가건물 임대차보호법의 보호를 받을 수 없다.

- 상가건물 임대차보호법의 보호를 받지 못하는 상가임차인이 다른 방법으로 보증금을 돌려받기 위해서는 전세권이나 저당권을 설정할 수도 있지만 임대인의 동의가 있어야 한다.

권리금은 요술방망이인가

권리금은 점포의 상권입지의 지리적 조건을 고려하여 점포운영 시 재산적 가치를 가지고 있다고 판단되는 경우 나중에 입주하는 사람이 먼저 영업을 했던 사람에게 그동안의 인지도를 닦은 것에 대한 시장 확보 차원의 인정금액 및 프리미엄이라고 보면 된다.

따라서 권리금은 사업양수를 하는데 두 당사자 간의 정산임으로 임대인에게 돌려 달라고 할 수 없다.

권리금을 사업비용으로 처리하고 싶으면 권리금을 받은 전 사업자에게 권리금에 해당되는 세금계산서를 발행해 달라고 하면 되지만 거의 잘 해주지를 않는다.

점포는 그대로인데 사업주만 바뀌는 경우에는 '사업양수도'라고 해서 세금계산서를 주고받지 않는 경우가 허다하다. 그러면 비용처리를 전혀 받지 못할 뿐만 아니라 피해는 고스란히 인수받은 대표가 안아야 하며, 인수자가 권리금을 경비로 처리되어 절감할 수 있는 세금이 권리금을 받는 전임 사업자의 세금보다 훨씬 크다는 것을 인지해야 한다.

따라서 권리금을 지불하는 인수자는 권리금을 받는 사람을 대신해서 권리금에 대한 세금을 미리 떼놓아야 한다. 만약 권리금이 천만 원이라면 경비율 20%를 제외한 소득 200만 원에 대해 22% 세율의 세금 즉 44만 원을 떼어놓고 나머지 956만 원을 지불한다. 이것을 세법에서는 '원천징수라'고 한다.

이렇게 권리금을 지불하는 인수사업자는 권리금에 해당하는 세금계산서를 받고 원천징수 신고와 납부를 해야 한다. 그래야 세금계산서도 받고 원천징수도 해서 권리금에 들어간 금액을 사업상 비용으로 처리할 수가 있다.

1) 임대차 계약서와 동시에 사업자등록증을 만들어야 한다

임대차계약서를 작성했으면 그날 바로 세무서에 가서 사업자등록을 해야 한다.

인테리어나 다른 공사로 인해서 사업자등록을 차일피일 미루게 되면 차후에 피해를 보는 일이 많아진다.

그것은 모든 행정이 문서로 입증을 하기 때문에 세무서 및 금융 등의 모든 업무가 자신이 개업한 날짜로 처리가 되는 것이 아니라 무조건 사업자등록증 맨 아랫부분의 세무서 직인이 찍힌 날로 인정되기 때문이다.

사업 개시 일부터 20일 이내에 사업장 소재지 관할 세무서에 신고하게 되어 있다 보니 공사 한참 후에 사업자등록을 하는 대표들을 많이 만나보았다.

또한 사업개시 전 20일 이내의 거래(인테리어 공사비용 등)에 대해서만 매입부가세 환급을 해주고 있고 사업을 준비하면서 사용한 비용에 대해 세액 공제를 받으려면 사업자등록을 서두르는 것이 여러모로 장점이 더 많다.

사업자등록신청 전에 허가 신고 등록 대상업종 여부 확인

관할관청의 허가 신고 등록대상 업종인 경우에는 사업자등록신청 시 허가(신고, 등록)증 사본을 제출하여야 한다. 단 허가 전에 사업자등록신청을 하는 경우에는 허가(등록)신청서 사본 또는 사업계획서를 제출하고 추후 허가(신고, 등록)증 등의 사본을 제출할 수 있다.

사업을 시작하기 전에도 사업자등록 신청이 가능하다. 사업을 시작하기 전에 상품이나 시설자재 등을 구입하는 경우 예외적으로 사업개시 전에 사업자등록을 하여 세금계산서를 교부받을 수가 있다.

내외시설개선으로 인한 인테리어 및 여타부분을 비용으로 처리받아야 하므로 공사하기 전에도 사업자등록은 미리 할수록 좋다.

사업자등록을 하지 않은 경우의 불이익으로는 공급가액의 1%나 되는 가산세를 물게 된다. 또한 매입세액을 공제받을 수 없다.

사업자등록 신청 시 과세유형 선택

부가가치세가 과세되는 사업의 과세유형에는 일반과세자와 간이과세자가 있으며 사업자등록 신청을 할 때 둘 중 하나를 선택해야 한다. 세금의 계산방법 및 세금계산서 발행 가능여부 등의 차이가 있고 어느 유형이 내 사업에 적합하고 이로운지를 잘 따져보고 사업자등록을 해야 한다.

무조건 세금이 겁이 나서 간이과세자로 하는 사람도 있지만 일반사업자라고 해서 세금을 함부로 내게 하는 법은 없기 때문에 내 사업의 발전성을 감안하여 선택하면 된다.

간이과세자로 사업자등록을 하였다 하더라도 그해의 부가가치세 신고실적 및 여러 가지 변화의 매출을 보고 과세유형을 새로 판정하므로 자동적으로 일반과세자로 변환되어 국세청 연락을 받게 되어 있다.

세무서를 직접 방문하기 어려운 조건이면 국세청 홈텍스 사이트에서 사업자등록을 신청할 수 있다.

신규로 사업을 개시하고자 하는 자는 사업개시일 전에 계약하고 바로 등록을 하라고 하는 이유이다.

사업자등록 신청 시 구비서류는 사업자등록신청서(세무서에 있음) 사업 인·허가증 사본 1부 임대차계약서, 주민등록등본 1부이다.

2) 사업자등록증에 내포되어 있는 비밀의 힘

외식업이면 보건소에 가서 교육을 받고 보건증을 받으면 위생교육 수료증을 받은 뒤 관할구청 및 자치단체의 보건위생부를 방문해서 영업신고서를 작성하고 발급받은 보건증과 위생교육 수료증 그리고 부동산 임대차계약서를 함께 제출하여 사업자등록을 한다.

외식업의 경우 임대평수가 20평 이상이거나 2층 이상에서 30평 이상인 경우에는 '소방방화시설완비증명서'가 필요하다. LPG 가스를 사용할 경우 '가스완성검사필증'도 제출해야 한다.

휴게음식점이면 주류허가를 받을 수가 없고 일반음식점으로 내면 주류허가를 받을 수 있다.

원두커피점 등에 보면 차와 제과, 제빵, 간식만 팔 수 있는데 어떤 원두커피점은 브런치도 팔고 맥주나 와인 등을 팔 수 있는 그런 다른 양상을 보게 되는데 사업자등록의 허가를 어떻게 받느냐의 차이다.

업종과 업태를 보면 예전에는 '제조' 이렇게 쓰면 '도소매'가 자연스럽게 인정이 되는 편이었는데 현재는 '제조, 도소매', '도소매 서비스' 이렇게 일일이 다 쓰는 편이다.

업태에도 온라인 유통을 할지도 모른다 싶으면 '전자상거래', '통신판매업'을 꼭 넣어야 한다. 입력해서 사업자등록을 한 후 거래은행에 가서 통신판매업을 할 것이라고 얘기하면 '구매안전서비스 이용확인증'을 발행해준다. 이 서류를 가지고 지자체 지역경제과에 가서 신고하면 된다.

3) 동업할 경우의 사업자등록증 내는 방법

동업계약서 작성방법 : 필수적으로 기재하여야 할 사항들

- 사업의 범위 및 사업의 참여권
- 출자금액 및 출자방식(출자지분율)
- 업무분담 부분(경영, 영업, 회계 등 전반적인 사업부분에서 권한을 행사할 수 있는 부분을 말한다.)
- 자금집행 우선순위 및 이익과 손실 분배방식

- 출근 및 휴가관련 사항
- 겸업여부
- 사업의 포기 및 지분의 매각 및 처분방법(지분의 상속포함)
- 폐업 및 사업의 종료 시 처리방법

동업계약서 작성방법 : 주의사항

① 동업계약서 내용은 구체적으로 각 사항별로 명확히 기재하여야
한다.
- '갑', '을', '병', '정' 등 각 동업자의 주소와 성명 등을 정확히 기재
  하여야 한다.
- 동업하는 취지의 내용을 명확하게 하고 회사상호, 소재지, 해당 사
  업명 및 취급물품 등을 기재하여야 한다.
- 동업 시 자본금 및 각 출자금액, 동업기간, 업무권한 및 분담 이익
  분배와 손실처리방법 등을 약정사항으로 명확히 한다.

② 동업계약서 작성 시 문구를 신중히 작성하고 해당 동업자의 개인
인감, 법인일 경우 법인 인감으로 반드시 기명날인해야 한다.
- 동업계약서와 같이 모든 계약서 등은 금전과 권리에 관한 사항들
  이 기재되므로 동업계약서 각 조항별로 문구를 신중하게 작성하

고 명확히 하기 위해 동업계약서 약정의 취지와 계약일자 등을 정확하게 기재하고 각자 기명날인함으로써 서로의 계약관계를 명확하게 해야 한다.

③ 법률전문가에게 조언을 구하고 공증인가기관에서 공증을 받기 바란다.

– 동업계약서양식은 동업하는 자와 출자금액(출자방식) 이익 및 손실배분과 사업에 관한 운영방식 등 여러 가지 사항들로 사업을 영위하는 동안 오해와 분쟁이 발생하기 쉬우므로 이러한 분쟁을 예방하기 위해 법률전문가에게 조언을 구하고 공증인가기관에서 공증을 받음으로써 모든 것을 법적으로 명확하게 해야만 여러 피해에 대해 보호 및 권리를 행사할 수 있다.

서류양식은 일선 세무서에 비치되어 있는 동업계약서양식을 쓰면 된다. 사업자등록 신청 시에도 꼭 필요한 서류이니 기억해야 한다.

사업장의 임대차계약서를 작성할 때에도 반드시 각 동업자들이 기재되어야 하고 동업자 수대로 동업계약서를 작성하고 기명날인하여 각각 보관하여야 한다.

처음 사업자등록을 하는 사람들은 전문자격증을 갖고 창업을 하거나 제조업, 도매업을 제외한 업종들은 간이과세로 출발해도 된다. 간이과세는 연 매출신고가액이 4,800만 원이 되지 않는 경우를 뜻하는데 매출이 올라가면 자연스럽게 일반사업자로 자동 전환된다.

세금을 내지 않으려고 가족 중에 한 장소에서 임대차계약서를 발행해 사업자등록을 하나 더 발행받아 분리하는 사람도 보았다. 그러나 탈세하려고 잔머리를 쓰는 것보다는 정직한 신고로 세금을 내고 바른 신고에 의한 부가가치세과세표준액의 1년 치 총 합계금액을 보존하고 신용평점관리를 잘해서 급박한 유동자금이 필요할 때에 정부지원 자금이나 사업자 대출을 내려고 할 때 긴요하게 활용이 되는 것이 훨씬 더 좋다.

현재 국내의 모든 사업자들은 직장인과 달리 연봉추정금액을 변환시키는 기준 과표가 부가가치세과세표준액임을 명심해야 한다.

자연스럽게 일본식 제도를 활용하다가 최근 2016년도부터 신용사회 구현을 위해 금융법이 유럽식 제도로 변화하는 중이므로 감안해야 하며 사업자는 무조건 정직하고 바른 신고만이 주먹구구식의 운영방식에서 탈피하고 작은 점방이라도 체계를 갖추어 운영해야만 성장할 수 있다는 것을 명심 또 명심해야 한다.

위에서 설명한 바와 같이 간이과세자는 연 4,800만 원 이하의 매출로 일 년에 한 번만 신고하면 되고, 일반과세자는 연 4,800만 원 이상의 매출로 일 년에 두 번 신고하면 된다.

부가가치세는 한국의 대표적인 소비세 제도이다.

면세제도는 소비자가 지급해야 하는 부가가치세의 부담을 줄여주기 위한 제도로써 생필품 등 주로 국민의 기초생활에 꼭 필요한 물품이나 서비스에 부가가치세를 과세하지 않는 제도이다.

면세되는 물품으로는 기초생활 필수품에 해당하는 것으로써 가공하지 않은 농산물, 축산물, 수산물, 임산물, 그리고 수돗물과 연탄, 여성생리대, 버스지하철 등 대중교통영업(택시 고속철도, 고속버스, 항공기 등은 과세가 됨), 병원(수의사 성형수술, 치아성형, 악안면교정술 등은 과세), 장의업, 교륙사업(무도학원, 자동차운전학원 등은 과세), 주택임대업, 신문잡지도서 등 문화사업, 토지판매업, 금융보험업, 프리랜서가 제공하는 서비스 등 주로 국민의 기초생활과 밀접한 물품들이나 서비스가 이에 해당한다.

면세사업자는 부가가치세가 과세되지 않기 때문에 부가가치세법의 적용을 받지 않는다. 그래서 소득세법에 의해 사업자등록을 해야한다.

07
사업 준비기간 및 초기 공사비용 등의 증빙자료 확보하기

    사업개시 전 20일 이내의 거래(인테리어 공사비용 등)에 대해서 매입부가세 환급을 해주고 있고 사업을 준비하면서 사용한 비용에 대해 세액 공제를 받으려면 사업자등록을 서두르는 것이 여러모로 장점이 더 많다.

    정규증빙으로 인정해주는 서류로는 세금계산서, 계산서, 신용카드 매출전표, 현금영수증 등으로 인정한다. 정규증빙이 아닌 여타서류 중에 거래명세표, 간이영수증, 입금표 등으로 비용처리를 하게 되면 가산세가 붙게 된다. 그리고 정규증빙을 받지 않을 경우 소홀히 해서 가산세를 낸다면 천만 원에 2% 정도를 내야 한다.

    종합소득세 신고 시 비용으로 넣고자 할 때만 가산세가 해당되므로 만약에 상대 거래처와 얘기를 잘해서 아예 신고자체를 하지 않고 비용에 넣지 않는다면 가산세도 낼 필요는 없다.

잘 생각해야 하는 것이 정규증빙에 대한 가산세는 해당이 없지만 이러한 정규증빙은 모두 부가가치세 신고 시 매입세액 공제 역할을 하여 납부세액을 줄여주는 역할을 하므로 꼭 잘 챙기라고 하고 싶다.

국세청 입장에서는 바른 신고로 비용처리를 받고 정규증빙자료로 인해 거래처의 매출을 노출시키는 서류이므로 상대방의 매출을 체크하는 데 큰 역할을 하기 때문이다.

1) 내 업종과 맞는 은행 선별하기

사업자들은 금융부분을 잘 놓치며 막연히 오랫동안 거래를 해왔기 때문에 하는 사업자가 많다. 그러나 막상 확장이 됐든 점포 이전이든, 원자재구매든 금융에서 대출을 발생시켜야 할 경우에 직접 맞닥뜨려 보지 않고는 실감을 못 하는 부분이다.

예를 들자면 농산물, 농산물로 가공, 건강원, 방앗간, 목장, 정육점 등 땅이나 산에서 나는 작물로 제조가공이나 관련 사업을 하는 사업자는 농협이 가장 좋다.

수출입업무가 많은 회사는 하나은행이 좋은 편이고 이렇게 자신의 사업영역이 어느 쪽인가에 따라 주거래은행을 결정하는 것이 이왕이면 유동자금을 활용하는 데에 훨씬 더 좋다는 것을 말해주고 싶다.

주거래은행으로 제1금융사가 정해지면 신협과 새마을금고 중의 제2금융권 중에서 한 곳을 결정해서 거래를 터놓으라고 권하는데 그 지역에서 둘 중에 어느 쪽이 지역의 인지도가 더 높은지를 잘 알아보고 정해야 한다.

2) 사업자계좌통장 및 사업자신용카드, 사업자 현금영수증 카드 만들기

제일 먼저 어느 은행을 주거래은행으로 할 것인가를 결정하고 나면 금융기관에서 '사업용 계좌'를 만들어 세무서에 신고를 하는 것이 원칙이다. 특히 복식부기의무가 있는 사업자와 전문직 사업자의 경우 사업용 계좌를 세무서에 신고하지 않으면 가산세대상이 되며 일부 세액감면(중소기업특별세액)도 배제된다.

사업용 계좌를 세무서에 신고하도록 하는 취지는 사업과 연관된 거래대금 직원급여, 임차료 등의 관련된 수입과 비용을 관리구별하게 함으로써 세원관리의 투명성을 높이기 위함이다.

개인 사업을 하는 사업자는 개인적인 용도의 비용과 사업과 관련된 비용을 구분하지 않고 사용하는 경우가 많다.

　사업자들이 사업용 결제 용도로 사용하는 신용카드를 개인용도 신용카드와 별도로 사용하면 물건이나 비용을 지출할 때 신용카드로 결제를 하면서 세금계산서를 따로 받아야 하는 번거로움도 없고 매입세액공제를 받아 부가가치세 부담도 줄여주는 역할을 한다. 물론 종합소득세 신고 시에도 비용으로 간주된다.

　사업용 신용카드 사용의 편익성을 극대화하기 위해 각 신용카드사들은 사업자만을 위한 '사업용 신용카드'에 대해 각종 서비스를 제공하고 있다.

　사업자들의 사업용 신용카드 사용 활성화를 위해 국세청에서도 '사업용 신용카드 등록제도'를 시행하고 있다.

　현금으로 결제를 할 경우에는 '사업자 현금영수증카드'를 사용하여 비용처리를 받도록 하고 있다.

3) 신용카드 가맹점 신청하기

　사업자 등록증을 받게 되면 내외부 인테리어를 하는 중에 신용카드 가맹점 신청을 해 놓아야 한다.

　카드단말기를 설치하고 각 은행과 신용카드 가맹점 신청을 하고 승인받는데 약 일주일 정도 소요되기 때문이다.

신용카드 가맹점 신청 시 필요한 서류는 사업자등록증 사본, 대표자 신분증 사본 결제계좌통장 사본, 그리고 외식업, 학원, 병원 등의 허가가 필요한 업종은 영업허가증 사본이 필요하다.

보통 소개에 의해 벤사(VAN사: 카드결제회사)를 소개받는데 벤사의 담당자가 모든 일을 대행해준다.

카드 가맹점 관련해서 사업자로서 가장 궁금해하는 사항은 카드수수료가 얼마나 되고 카드 결제 후 결제대금은 언제 들어오는지 또 정확하게 들어오는 것은 맞을까 하는 의구심으로 확인하는 것이다.

일반적으로 카드매출 입금주기는 영업일 기준으로 3일에서 7일 정도 소요되며 카드매출관련 입금내역은 신용카드사 홈페이지나 카드단말기 회사에서 제공하는 카드매출관리 서비스, 여신금융협회에서 제공하는 가맹점 매출거래정보 통합조회시스템에서 확인할 수 있다.

요즘은 스마트폰이 좋아서, 앱을 깔면 미입금내역이 발생할 경우 문자 서비스로 자동 통보해주는 서비스도 받을 수 있고 입금내역도 스마트폰에서 다 볼 수 있도록 했다.

4) 신용카드 단말기 설치하기

처음 창업하는 사업자는 한국정보통신(KICC)과 같은 카드단말기 회사(VAN사)를 통해 신용카드 가맹점과 카드단말기를 동시에 신청하는 것이 좋다.

왜냐하면 일반적으로 카드단말기회사를 통해 신용카드 가맹점 신청이 완료되면 카드단말기를 설치하기 때문이다. 단지 결정하기 전에 꼭 알고 체크해서 결정해야 되는 일이 있다.

첫째는 업종과 가맹점의 카드거래량에 따라 저가형과 고가형을 선택해야 한다. 카드거래량이 많을 경우, 매출전표 출력속도가 빠르고 전표 용량이 많은 고가형 모델을 선택하고, 그렇지 않으면 저가형 모델을 선택하는 것이 바람직하다.

둘째는 전자서명을 위한 사인패드 구매여부를 선택해야 한다. 사인패드를 구매하지 않으면 카드매출전표를 모아두었다가 카드단말기회사에 제출해야 하는 번거로움이 있어서, 대체적으로 사인패드를 구매해서 전자 서명처리로 매출전표를 따로 모아두고 보관하는 번거로움을 없애는 것이 좋다.

세 번째는 통신방식이다. 오래전에는 전화선을 이용해서 사용하여 통신비가 들었고 속도가 엄청 느린 단점이 있었다. 요즘에는 인터넷 통신망을 이용해서 결제처리를 빠르게 도와주므로 처음 설치하면 인터넷통신망을 이용설치를 하고 전화선 사용을 하면 교체하기를 권한다.

넷째로 카드매출 및 입금내역을 확인할 수 있는 인터넷 사이트와 스마트폰 어플을 무료로 제공받을 수 있는지 확인한다.

다섯 번째로 카드단말기는 보통 무상 임대되고 월 관리비를 낸다. 보통 3년 약정의 의무사용기간이 있는데 사업장의 불투명함으로 인해 해약을 할 경우 위약금이 어떻게 되는지를 확인을 꼭 해야 한다.

카드단말기 설치가 완료되면 담당직원에게 충분한 설명을 듣고 배워야 하며 '취소'할 경우도 필히 학습할 필요가 있다. 더 중요한 것은 수표가 정상인지 부도난 수표인지 가짜 수표인지를 조회하는 기능을 알아두는 것이 좋으며, 마지막으로 은행에 가지 않아도 카드단말기에서 무인 계좌이체기능의 뱅킹업무를 학습하면 바쁜 시간을 쪼개 써야 하는 데 아주 편리하다.

5) 매일 장부기록의 중요성 체크

소규모 자영업소에 가면 포스시스템이 없는 경우 장부기록을 해야 하는 이유와 영수증 보관방법, 월별계산, 거래처관리 등 여러 가지를 지도해주고 온다.

요즈음은 포스시스템이 거의 설치가 되어 있어서 포스시스템의 장단점을 최대한 활용할 수 있도록 지도를 해준다.

고객정보파악으로 단골고객과 충성고객을 가려낼 수 있고 고객의 라이프스타일도 알아내서 작은 서비스도 관리차원에서 해줄 수 있고 감사표시, 사은행사 같은 이벤트 같은 걸 할 때에도 먼저 챙겨서 고객관리가 들어간다. 물론 장부정리는 말할 것도 없고 시간대별 요일별, 월별, 반기별 정산을 통해서 판매가 잘되는 상품을 미리 단가조절을 해서 반입할 수도 있는 여러 좋은 점이 많으니 오히려 장부를 일일이 쓰는 불편함보다는 포스시스템을 활용해서 사업장의 모든 것을 관리하기를 추천한다.

6) 매출관리방법

■ 카드 및 현금매출의 손쉬운 관리방법

매출을 올리는 것도 중요하지만 월별, 요일별, 일별, 반기별 변동이 어떤지 확인, 분석해 보는 것도 아주 중요하다. 또 요즘처럼 카드를 주로 쓰는 경우는 제때 제대로 입금은 잘되고 있는지 확인을 해야 하므로 스마트폰 어플을 깔아서 바로바로 확인해 보는 것이 중요하다고 생각한다.

특히 카드 승인 후 취소거래가 있다면 정확하게 취소가 되었는지 확인하는 것도 고객과의 신뢰문제 때문에 아주 중요하다.

더 편리한 것은 밴사(카드결제회사)가 매출관리 서비스를 제공하고 있다는 것이다. 그중에서도 한국정보통신(KICC)이 제공하는 매출관리 서비스는 업계에서도 알아준다.

만약 컴퓨터도 없고 스마트폰에 앱도 깔지 않아서 잘 모르겠다고 하면 신용카드단말기에서 해당 조회버튼을 누르면 사업자번호, 단말기 기준의 매출일자별, 입금일자별 매출내역을 출력할 수 있고 매년 1월과 7월 부가가치세 신고 시 반영해야 할 참조자료도 출력이 가능하다.

■카드결제 입금액의 손쉬운 확인방법

일단 스마트폰의 앱에서 확인이 가능하긴 하지만 밴사나 포스시스템을 사용하는 사업주라면 '이지샵(www.easyshop.co.kr)'에서 회원가입을 한 후 '내 돈 확인서비스'를 이용해보면 편리하다. 확인 후 밴사 대리점이나 카드사에 연락에서 문제 해결을 요청하면 된다.

7) 비용절감방법

■ 영수증 및 세금계산서 /전자 세금계산서 관리

사업주 입장에서 매출을 올리기 위해 홍보 마케팅을 열심히 하는 것도 중요하고 비용을 아끼는 것은 더욱 더 중요하다. 또 같은 비용을 쓰더라도 세무상 업무비용으로 인정받을 수 없다면 결국 손해가 된다. 따라서 비용으로 인정받을 수 있는 비용 관리 방법도 매우 중요하다.

사업주가 사업과 관련해서 비용이 지출되었음에도 불구하고 세법에서 요구하는 증빙 즉 정규증빙을 제대로 챙기지 않아서 가산세를 내는 경우도 많다.(정규증빙: 세금계산서, 계산서, 카드전표매출전표, 현금영수증)

다만 당해 연도 신규사업자이거나 직전 연도 수입금액이 4,800만 원 미만인 개인 사업자는 정규증빙을 받지 못했다고 하더라도 가산세가 적용되지 않는다. 그렇다고 해서 정규증빙서를 소홀히 하면 안 된다. 왜냐하면 부가가치세를 신고할 때 납부세액을 줄여주는 역할을 하기 때문이다.

특히 접대비 영수증 비용처리는 반드시 정규증빙서류로 수취해야 한다. 만약 정규증빙을 받지 못하면 접대비라는 비용 자체를 세법에서 인정해주지를 않는다.

특별한 경우는 경조사비인데 경조사비는 한 건당 20만 원까지만 증빙 없이 접대비로 인정된다.

세금계산서관리는 정규증빙자료이므로 가장 중요하다. 만약 재료를 구입하고 세금계산서를 받지 못하면 비용으로 인정받지 못해 소득세 부담이 증가하고 매입세액공제를 받을 수 없어 부가가치세 부

담이 늘어난다. 이런 이유로 인해 상대방거래처에 세금계산서 발행을
요구해야 한다.

매출 세금계산서 발행 시에는 국세청 홈페이지를 통해 사업자과세
유형(일반과세 또는 간이과세)과 휴폐업 유무를 확인해서 발급 오류가
없도록 해야 한다.

■ 통신비 및 업무비용 절감 비결

카드단말기를 사용하는 경우는 별도의 통신비가 발생하고 전화선을 사용할 시 별도의 가입비와 신용카드 1건당 결제에 따른 통신비 부과가 되고 인터넷 전용선을 설치하면 설치비용과 몇 만원의 인터넷 사용료가 발생한다. 또한 설치기사가 별도로 방문하여 작업을 해야 하는 번거로움이 있다.

최근에는 전화선에 연결하는 경우는 극히 드물고 오히려 여러 번거로움 없이 통신비도 저렴하고, 관리도 잘해주면서, 속도도 빠른 한국정보통신(KICC)을 사용하면 통신비 절감을 하면서 별도의 전원장치 없이 사용이 더욱 편리하다.

■ 절세하는 방법(노란우산공제/절세형연금보험/종교에 내는 돈 /기부금)

세무법과 금융법이 완전 바뀌었고 강화되어 이제는 주먹구구식으로 하던 옛 시절은 추억으로만 기억해야 한다. 특히 자영업자는 부가가치세과세표준액의 신고금액 합산액의 변환을 통해 연봉이 얼마인지를 계산해서 (유동자금 대출 시 연관성이 깊기 때문에) 세금 내는 것이 아깝다고 적게 신고하면 막상 큰일을 도모하려고 할 때 금융사나 정부지원제도를 이용을 하기가 어려워진다.

따라서 절세하는 방법 몇 가지를 소개하려 한다.

노란우산공제는 중소기업벤처부에서 감독하고 중소기업중앙회가 운영하는 공적 공제제도이다. 매월 일정금액을 납부하고 폐업이나 사업주의 노령 등의 사유가 충족되면 납입한 금액에 일정액의 이자가 합산되어 지급되는 것이다. 자영업자의 퇴직금장려제도로 만들어진 제도이며 가입기간 동안 일정액을 납입하고 추후에 그 납입된 금액에 일정율의 이자를 감안한 금액이 지급된다. 또한 종합소득세 때 공식적으로 세금감액을 해준다.

절이나 교회에 헌금을 내거나 기부금은 증빙자료를 갖추게 되면 비용처리를 해준다.

■부가가치세 예정신고에 의한 필요성과 절세

2012년부터 개인 사업자의 예정신고의무가 폐지되어 원칙적으로 세무서에서 고지하는 세액만 납부하면 되고 고지서를 발부받지 못한 개인 사업자는 예정신고를 하지 않는다.

단지 수출 또는 시설투자로 매입세액이 매출세액보다 많아 환급을 받는 경우 예정신고 기간에 환급을 받고자 하는 경우(조기 환급만 가능) 7월~9월 매출 매입내역을 10월 25일까지 신고하면 된다.

예정신고기간에 시설투자 등으로 조기 환급을 받기 위해 예정신고를 하면 다음 해 1월에 부가가치세를 신고하고 받을 환급을 미리 받는 효과가 있고, 만약 사업이 부진해서 예정신고를 하면 세무서에서 나올 고지세액보다 적게 납부하는 효과가 있다.

	노란우산공제	연금저축보험공제
가입대상	소기업, 소상공인, 프리랜서	누구나
취급기관	중소기업중앙회	금융기관
지급방법	폐업을 할 경우/일시금 및 연금식	55세 이후 연금형식으로 지급
세금감액	1년간 납입금액 500만 원 한도 내 종합소득세 감액 연금저축공제와 중복으로 소득공제 혜택을 받을 수 있는 장점	1년간 납입금액 400만 원 한도 내 종합소득세 감액
압류및가압류	압류금지/사업재기자금과 생활안정자금의 용도로 사용가능	가압류 가능/보험금을 타게 되면 압류사에서 먼저 가져감

■일용근로자 및 아르바이트 인건비의 비용처리 및 세금신고

결론부터 얘기하면 알바생도 세금신고를 해야 한다. 세법에서는 알바생을 일용직 근로자로 분류한다.

매일 출근해서 일하지 않더라도 월 8회 정도 근무하면 월별로 계산해서 3개월이 넘어가면 무조건 일용직 근로자로 6%의 소득세율이 적용된다.

알바생들을 일용근로자로 명시하고 일반근로자와는 다르게 10만

원의 근로소득공제와 55%의 근로소득세액공제를 받을 수 있다. 이런 사항을 몰라 신고를 하지 않는 사업자가 부지기수다.

일용근로자에 대해 원천징수할 세금은 없어도 꼭 해야 되는 신고가 원천세 신고와 분기별로 있는 지급명세서 신고이다. 원천세 신고와 지급명세서 신고는 세금이 없더라도 꼭 해주어야 사업주들이 직원들에게 지급한 급여에 대해 적법하게 인정을 받을 수 있다.

만약 지급명세서 신고를 하지 않고 인건비를 비용에 반영할 경우 그에 해당하는 인건비에 2%의 가산세가 적용된다.

■직원 급여자의 비용처리

알바생과 4대 보험가입 직원(일반근로자)들에게 지급하는 급여에 대해 신고를 하고 세금을 납부하는 것을 원천세(원천징수)신고 납부라고 한다.

사업주가 원천세를 신고, 납부하는 것은 직원들이 일하고 받아가는 급여에 대한 세금신고와 납부이다. 즉 사업주가 직원들의 급여에 대한 세금신고를 대신하고 대신 납부하는 것이다.

급여를 지급할 때 급여에 해당하는 세금을 미리 떼고(원천징수금액) 나머지 차액분을 지급해야 한다. 그러면 결국 주인이 신고를 해도 원천세는 급여를 받아가는 직원들이 자신의 급여(소득)에 대한 세금을 부담하게 되는 것이다. 이는 사업장에서 일하고 있는 직원들이 모두 개별적으로 일일이 급여에 대한 소득신고를 하는 것보다는 사업장에서 직원들을 고용한 사업주가 한 번에 신고하고 납부하는 것이 효율적이기 때문이다.

원천세 신고와 납부의무는 급여를 지급하는 자 즉 사업주에게 있기 때문에 그 신고와 납부를 하지 않으면 그에 대한 가산세를 사업주가 부담한다. 비용 처리 중에 인건비 비중이 제일 크게 작용하고 있기 때문에 원천세 신고와 지급명세서 신고를 꼭 해야 한다.

8) 비과세 항목의 체크사항

첫째, 직원에게 매월 10만 원 이하의 식사비를 지급하는 경우 비과세이다. 단 사내급식이 제공되지 않아야 한다.

둘째, 직원이 자신의 소유차량을 업무와 관련하여 이용하는 경우 매월 차량 관련 경비로 20만 원 이내의 금액을 지급하는 경우 비과세이다.

마지막으로 직원의 자녀가 6세 이하인 경우 자녀의 보육관련 항목으로 월 10만 원 이내의 급여를 지급하는 경우 비과세이다.

9) 4대 보험 관련 비용의 처리 방안

건강보험료, 국민연금보험료, 고용보험료, 산재보험료 이렇게 4개를 4대 보험이라고 한다.

요즘은 직원들이 오히려 4대 보험에 가입하는 것을 싫어한다. 그것은 단순히 가져가는 돈이 줄어들기 때문에 싫다고 한다고 하는 것이다. 그래서 나온 정책이 일자리 장려금 지원정책이다. 지자체나 고용노동부에서 3명의 신규직원이 들어오면 1명분의 급여 중에 연 2천만 원을 3년간 지원해주는 정책이다. 직원들도 이동하지 말고 근속하라고 하는 정책이다.

사업주들은 건강보험료와 국민연금보험료를 매월 납부하고 있는데 건강보험료는 '세금과 공과금'이라는 계정항목으로 비용에 반영이 되고, 국민연금보험료는 비용으로 반영되는 것이 아니고 소득공제 항목으로 반영된다.

매해마다 5월에 종합소득세 신고를 하는데 그때 종합소득세 세금을 줄여주는 역할을 하는 것 중에 '소득공제'라는 것이 있다. 국민연금보험료가 소득공제 항목에 포함이 되어 국민연금보험료는 전액이 종합소득세 세금을 줄여주는 역할을 한다.

세밀한 부분은 세무사 및 회계사나 전문가의 도움을 받거나 공단의 직접 상담을 받아보기를 권한다.

10) 두루누리 사회보험제도 활용방법

　10인 이내의 소규모 사업장에 적용되는 사회제도로써 급여를 조금 더 받아가고 싶어서 4대 보험에 가입하는 것을 원치 않는 직원들이 있다. 이를 예방하는 차원에서 직원들 4대 보험 가입 및 4대 보험 부담비용도 줄이고 사업자가 부담하는 4대 보험 비용도 줄이는 방법이다.

　두루누리 사회보험제도라는 것은 고용보험과 국민연금을 지원하는 제도이며 기존의 사회보험 외에 새로운 사회보험은 아니다. 지원요건에 해당하는 경우 직원과 사업주가 부담하는 고용보험과 국민연금의 보험료의 1/2까지 정부에서 지원해 주는 제도이다.

　두루누리 사회보험제도의 지원을 받게 되면 고용보험과 국민연금을 직원과 사업주가 본래 부담해야 하는 금액에서 50%만 부담하고 혜택은 전액을 납부한 때와 동일하게 받는 아주 좋은 사회제도이다.

　신청에 관련된 사항은 4대 사회보험연계센터에 신청사항을 입력하거나 '근로복지공단' 또는 '국민연금공단'으로 문의하면 상세히 안내받을 수 있다.

11) 종합소득세 신고 시 주의사항

종합소득세 신고는 부가가치세 신고와 달리 연중 여러 분야의 소득과 기타 수익을 모두 합쳐서 세금을 계산한다. 예제를 들면 직장을 다니면서 사업자등록증이 있으면 종합소득세 신고 시 근로소득과 사업소득을 합산해서 신고한다. 종합소득세 세율은 5가지로 구성된다.

소득금액	세율
1,200만 원 이하	6%
1,200만 원~4,600만 원 이하	15%
4,600만 원~8,800만 원 이하	24%
8,800만 원~3억 원 이하	35%
3억 원 초과	38%

퇴직금은 종합소득세 신고를 따로 하지 않아도 된다. 퇴직금은 급여를 지급할 때 미리 퇴직소득세를 계산하고 그에 해당하는 세금을 차감하고 지급한 경우여서 그것으로써 종결된다.

폐업을 하더라도 부가가치세 신고 및 종합소득세 신고는 필히 해야 한다. 그해 5월 이후에 폐업을 하고 그 다음 해 5월에 종합소득세 신고를 꼭 해야 한다.

간이과세자 중에 과세기간 동안 공급대가가 2,400만 원 이하인 경우 부가가치세를 납부하지 않는 '납부의무면제'라는 규정이 있다. 그래도 종합소득세는 신고를 해야 한다. 매출이 극소수이고 납부할 것이 없다고 해도 부가가치세와 종합소득세는 꼭 신고를 해야 한다.

접대비 항목의 경우 질문이 많이 들어오는 편인데 접대비 항목의 비용을 지출하고 정규증빙을 받았다 하더라도 매입세액공제는 되지 않는다.

그리고 물건 구입과 서비스를 제공받는 사업자가 간이과세자 또는 면세사업자인 경우 그에 대한 대금을 지급하고 정규증빙을 받더라도 매입세액공제를 받을 수 없다. 그러나 부가가치세에는 영향이 없지만 비용으로 반영이 되어 종합소득세 소득금액을 줄이고 그만큼 세금을 줄이는 역할을 한다.

매년 5월 초에는 종합소득세 안내문이 발송되는데 그 안내문 속에는 많은 정보가 들어 있으며 하나는 그해에 부가가치세 신고 등으로 신고한 수입금액(매출액)이 안내되어 있다. 이 수입금액은 종합소득세 신고 시 수입금액과 일치하여야 한다.

만약 부가가치세 신고 시 매출이 누락된 경우라면 가산세 대상이 될 수 있다.

그리고 종합소득세 신고 안내문에 자신이 어떤 유형에 해당하는지를 알려준다.

또한 장부작성이 되지 않았으면 종합소득세 신고를 들어가야 하는 경우 자신이 어느 정도 비용을 인정받을 수 있는지 그 비율을 알려준다. 결국 장부가 없는 경우에는 국세청에서 정해주는 비율만큼의 비용만이 인정받게 된다.

마지막으로 안내문에는 자신이 장부를 작성하지 않고 소득세 신고를 하는 경우 가산세 대상인지 아니면 올해는 가산세를 내지 않고 신고를 할 수 있는 대상자인지를 알려준다.

08
사업운영 경영의 필수적 5대 요소

점포운영을 잘하기 위한 경영의 필수적인 기본 5대 요소는 무엇일까.

가장 우선적으로 중심을 두어야 하는 것은 예비창업자 및 경영자 자신이라고 생각한다. 왜냐하면 직원들도 경영자를 보고 배우고 따르기도 하지만 우선 고객관점에서 보면 고객들이 상품력과 주인(경영자)을 보고 많이 방문해 주기 때문에 자신을 상품화로 브랜딩하지 않으면 성공하는 것은 어렵다고 볼 수 있다.

그리하여 컨설팅을 할 때 제일 먼저 인터뷰하면서 어떤 사고를 지니고 있는지 기업가의 정신자세부터 살피는 작업을 한다.

사업운영자 본인의 마음과 정신자세부터 읽어내는 일은 사업의 성패가 경영자의 열정에 달려 있기 때문이다. 가장 중요한 것은 사업운영자 본인 자신이 가장 큰 자산이다. 그래서 사람들은 기업가정신을 외치고 사업가 마인드라며 노래를 부르는 것이다.

두 번째 필요한 요소는 무엇을 생산할 것인가, 또는 판매할 것인가를 결정하는 일이다.

세 번째 필요한 요소는 아이디어를 상품화하는 데 투자하는 자본금이다. 초기 자본금과, 창업 후 3개월을 주기별로 넘어야 하는 자금계획을 세워 놓지 않고는 힘든 고통의 연속을 맞다가 폐업을 하게 되기에 자금순환은 늘 염두에 두어야 하는 중요한 요소이다.

네 번째 중요한 요소는 3번째까지 기본적 요건을 갖추어 탄생시킨 업종의 제품을 어디에서, 누구에게, 어떤 방법을 통해서 판매할 것인가 하는 '마케팅 전략'이다.

주먹구구식이란 것은 아주 오래전 제품들이 귀할 때 만들기만 해도 팔렸던 시절에 통했던 방법이고 현재나 앞으로도 '장기적인 마케팅 구축'을 하지 않고서는 운영자체가 힘들다는 얘기이다.

거창한 것만이 마케팅 전략은 아니다. 입소문의 파괴력과 제품에 대한 신뢰도가 신용이 되어버린 것이다. 점방장사가 됐든 보따리장수가 됐든지 간에, 사업운영자들이 늘 긴장하고, 깨어 있어야 하며 마인드가 확고하게 잡혀 있지 않고서는 남보다 더 이익을 창출한다는 것이 어렵다는 것이다.

다섯 번째로 상권입지라고 하고 싶다.

스마트폰과 인터넷의 발달로 옛날만큼 상권입지가 중요하지는 않다고 하지만 업종에 따라 아직도 무시할 수 없는 것은 상권입지이다.

위와 같이 경영에 필요한 다섯 가지 요소를 명시해서 정의를 해놓은 이유는 '사업을 하고자 하는 사업자가 이익을 얻기 위해 자본을 이용해서 사업 아이디어에서 설정한 재화와 서비스를 생산하는 조직 또는 시스템을 설립하는 행위'라고 한다고 정론을 펴놓았지만 결국은 돈을 많이 벌자는 것이 궁극적인 목적이다.

중소기업이 됐든 자영업자가 됐든 경영자의 필수적 요소는 본인자신(사업가: 인적요소), 자본(자금: 물적 요소), 사업 아이디어(업종, 아이템: 목표 요소), 마케팅(촉진 요소: 자금유동화 요소), 상권입지(트렌드, 장소)가 무엇으로도 바꿀 수 없는 중요한 것이다.

09
배달 시 카드결제 및 현금영수증 발행을
원할 때

배달이 많은 업종이나 휴대용 카드단말기가 필요한 방문판매, 주유소, 수리업, 운수업, 용역서비스업, 냉장탑차로 이동하는 도소매유통업자 등은 휴대용 단말기도 좋지만 스마트폰으로 직접 할 수 있는 시스템을 갖춘 제도를 이용해 보는 것도 좋다.

배달운영자는 내부 신용카드단말기와 외부 이동용 신용카드단말기를 함께 신청해서 설치해야 한다.

휴대용과 스마트폰용의 쓰임용도를 잘 파악해서 업장에 맞는 맞춤식 결제 시스템을 갖춰야 한다.

'이지체크모바일'은 스마트폰용 카드단말기로 스마트폰 이어폰 단자에 장착해서 사용하는 방법이고 별도의 통신료도 발생하지 않아 부담스럽지 않다.

스마트폰에 앱을 깔아서 결제금액을 입력하고 고객의 전자서명을 받기에 편하게 사용이 가능하고 영수증은 SMS나 이메일로 카드전표가 전송되기도 하고 고객이 종이전표를 원하면 블루투스나 프린터로도 출력이 가능하다.

또 하나 매력적인 것은 그럴 리는 없지만 사업장에서도 정전이 되거나 해서 불편할 때 스마트폰은 통신선을 활용하는 것이라서 신용카드 결제가 가능하다.

배달을 나올 때 보통 카드결제인지 현금결제인지를 묻는 사업장이 많으며 현금결제를 하게 되더라도 현금영수증을 해달라고 하면 바로 이동용 신용카드단말기에서 모두 처리할 수 있다.

카드 결제는 그대로 바로 국세청과 전산 송수신이 되어 올라가지만 현금영수증은 무기명은 소득공제혜택을 전혀 받지 못함으로 절대로 무기명으로 하지 말고 적은 소액이라도 현금영수증카드를 사용하면 더 좋고 아니더라도 꼭 챙겨서 소득공제혜택을 받도록 한다.

10
점포 인수 시 확인해야 하는 사항

　창업의 경우 새로운 건물에 처음부터 본인의 아이템으로 신규로 창업을 하는 경우가 있고 기존사업자로부터 사업을 인수하는 경우가 있다.

　새롭게 구한 건물에 본인의 아이템으로 신규 사업으로 창업을 하는 경우는 걱정할 필요가 없으나 기존사업을 인수해야 할 경우에는 확인해야 할 몇 가지가 있다.

　■매도자가 사업주가 맞는지 확인해야 한다.

　현장에서 보면 보통 배우자 및 자식의 이름을 쓰는 경우 공동사업자일 경우가 있는데 같이 동석해서 신분증 등을 확인하면서 같이 만나서 확인하고 해야 한다. 사업양수도계약서에 명의인만 날인할 경우 실질 사업주가 매도인의 책임을 연대한다는 내용을 필수로 추가하고 날인을 받는 것이 정확한 일이며 차라리 부동산 전문가를 중간에 대동해서 더 안정적인 계약을 하는 게 좋다.

임대차 계약의 확인을 하고 관계점포의 세금관계나 임차료 등의 납부정산에 대해서 정확히 정리를 해야 한다.

매출의 확인은 포스를 확인해도 좋고 부가가치세 과세표준액이나 벤사에 확인해서 확인할 수 있게 해달라고 해야 한다. 이렇게 하는 경우는 보통 권리금이 건너갈 때에 요구할 수 있는 사안이다. 하나 더 관심 있게 살펴봐야 하는 부분은 비수기가 얼마나 되는지 안정적인 매출평균도가 얼마나 되는지 매출추세를 확인해보는 것도 바람직한 일이다.

■ 원가의 이익규모의 확인

이는 권리금이 건너가고 같은 업종을 인수받을 경우의 얘기인데 주거래를 자신이 따로 할 거래처가 있으면 모를까 전임자가 거래하던 거래처를 지속적인 파트너로 삼아야 하는 경우 필히 확인해봐야 할 중요한 일이다.

■주요 영업자산의 확인

집기 비품, 인테리어, 재고 시설물, 각종 기자재 등을 인수할 때 받을 시점의 각 실제 거래가와 중고시세를 확인해서 만나야 밀당을 조절할 수 있다. 그렇지 않으면 바가지를 쓰는 경우가 허다하다.

■상호, 홈페이지, 전화번호의 승계

전임자의 상호, 홈페이지, 전화번호를 승계할 경우엔 계약서상 이들의 승계사실을 명확하게 기재하고 상호, 인터넷홈페이지의 도메인, 전화번호 등의 각각의 등록자를 매수인의 명의로 변경해 두어야 한다.

또한 이런 경우에는 권리금 거래가 있을 경우에 발생되는 문제로 같은 업종으로 반경 몇 미터 거리 이내에는 창업을 할 수 없다는 내용을 명시해야 한다. 이 내용을 명시하지 않고 가까운 거리 내에서 동종업종으로 창업을 해서 법정분쟁까지 가는 경우가 비일비재하다.

■주요 고객(단골, 충성고객)의 승계

업종에 따라 다른 경우가 많지만 전임자가 권리금을 주장하는 경우 주요 거래처 및 단골고객들의 고객관리가 되어 있다면 명단도 넘겨주어 새 주인이 카톡이나 문자로 인사하여 오픈 기념일 날 초대하여 새롭게 할 수 있도록 해주어야 한다.

보통 주인이 바뀌면 고객들도 바뀌는 경우가 허다하기 때문이며 외식업의 경우는 주인만 바뀌고 주방실장 및 주방가족들이 바뀌지 않으면 이벤트를 통하여 단골과 충성고객에 대한 예우를 해야지만 대접받는 느낌으로 지속적인 단골화가 될 수 있다.

■전임매도자의 통일지역 및 인근지역 동종업종 금지 확약서

앞에서 잠깐 얘기했지만 반경 얼마만큼의 거리 및 지역제한을 두거나, 지역이 좁으면 몇 년 안에 동종업종으로 그 지역에서 장사를 안 하겠다는 확약서를 받아두어야 분쟁을 막을 수 있다.

■사업을 포괄적으로 양수하는 경우 우발채무에 대한 약정 필요

모든 사소한 부채는 양도양수 이후 매수인에게 부과되지 않도록 양수도계약서상에 매도인이 부담한다는 약정을 미리 해두고 사인을 받아야 하며 가장 좋은 방법은 보통 1년 이내 동안 변호사지정을 해서 그 사이에 미지급비용 등의 여러 사소한 지급비용에 대해 처리할 수 있게 권한 이임을 해두는 편이 좋다.

1) 점포를 팔 때 준비해야 할 사항과 유의해야 할 사항

사업체를 가장 좋은 조건으로 팔고 싶으면 '사업체를 인수할 때 무

엇을 어떻게 확인해주어야 하는가.' 하는 부분에서 설명한 자료를 준
비해 두는 것이 바람직하다.

■준비해야 할 서류

- 사업자등록증

- 점포(건물) 임대차계약서

- 부가가치세 신고서 또는 사업현황보고서(최근 3년간)

- 현금매출 확인을 위한 서류 아니면 포스 내 매출서류 확인

- 종합소득세 신고서 중 사업소득 부속서류(대차대조표 손익계산서
  등) 주요 자산 목록

- 주요 고객 및 원재료 거래처 명단

- 상호, 인터넷 도메인, 전화번호 등록서류

2) 차기 사업을 준비할 경우 현 점포의 매출을 활용한 자금 비축 방법

차기 계획하는 사업의 창업자금 준비를 위해 현재 인수점포에서 신
고한 부가가치세 과세표준액의 1년 치 합계금액에 따른 결과 합산액
으로 소상공인시장진흥공단에서 운영자금을 신청한다.

소상공인시장진흥공단의 경영자금지원은 부부가 각자 다른 사업자 등록증을 갖고 있다고 하더라도 동종업인가 아닌가에 상관없이 부부 일심동체로 결정하고 같은 동일인자로 보기 때문에 매출이 높은 것으로 자금신청을 해야 하며 각자 다른 사람인데도 주민등록등본에 부부로 되어 있으면 한 명만 나온다는 것을 명심해야 한다.

또한 소상공인시장진흥공단의 경영자금은 부부의 신용평점을 다 살펴서 확인 후 지원이 되므로 한 사람이 신용불량이거나 파산을 한 경우라면 정부지원자금은 아예 기대를 하면 안 된다.

제6장

트렌드 파악과 통찰력

무엇을 하든 사업자등록증이라는 문서를 내걸고 사업을 하자면 그때부터는 '돈과의 전쟁'이 시작되는 것이다. 이때부터는 자금과 신용과의 삶이 시작되는 것이다.

내가 무엇인가 하고 싶은 절실함이 있어야 내 마음을 다잡을 수 있고 내 행동을 실천하게 하는 움직임이 원동력이 기반이 돼야 하는데 다시 거론하자면 가장 원초적인 강함은 '마음자세' 곧 '기업가정신' 마인드의 구조화가 철저히 '자기 긍정'이어야 하며 누가 뭐라 하든 본인이 본인을 위해주고 다독거리며 '자기극복'화시켜 내는 멘탈이 강해야 한다는 것이다.

'저거 바보 아냐?', '저 사람 미쳤나 봐.'라는 정도의 소리를 들을 만큼 자신을 믿어주는 '자기 확신'이 있어야 한다.

그렇다고 해서 무조건 밀고 나가라는 뜻은 아니다. 밟아보고 두드리고 경험하고 공부하라는 뜻이다.

우리나라는 2017년부터 저성장으로 진입했다고 여기저기서 아우성이다.

시간수당의 상향으로 알바직을 그만두게 된 사람들, 회사의 경영압박으로 그만두게 된 명퇴자들, 수입이 감소하면서 소비를 줄이고 가가호호 골목마다 셔터를 닫은 가게들이 늘어나고 있는 실정이다.

또한 금융정책의 강화로 부동산시장도 동결이 되고 있고 아이들 교육비가 너무 많이 드는 한국에서는 더 이상 꿈을 꿀 수가 없다며 출산을 하지 않는 딩크족들이 계속 늘어나고 있다. 따라서 결혼할 때부터 맞벌이를 원하고 있는 시대가 온 것이다.

가까운 일본은 부동산 버블 붕괴와 저성장, 생산 가능인구 감소, 고령화 등이 복합적으로 작용해 1990년부터 경제 침체가 시작되었지만 28년 가까이 진행되면서 나름대로 체계가 잡혔다.

그 속에 맞는 사회체계 구조화를 이루고 기업이나 개인도 맞춤식 마인드가 형성되어 있어 힘차게 도는 경제력은 아니더라도 각 구성마다 나름의 자기 구조화로 생활형성이 되어 가는 것으로 보인다.

그렇다면 한국은 갑자기 좋지 않은 상황들이 다가온 것일까?

예전에는 모두 잘살아야지 하면서 돈을 모으는 데 열심이었지만 현재 세대들은 버는 방법을 배우는 것보다 소비가 우선이다 보니 경제 침체가 동시다발적으로 생기는 현상을 맞이한 것이다.

저성장과 생산 가능인구 감소, 부동산정책의 아우성, 금융정책의 강화, 시간수당이 자영업자에게 미치는 영향 등으로 얘기만 들으면 숨 막힐 것은 같은 상황이 전개되고 있는 것이다.

그러나 이런 상황이 하루 이틀이 아닌 이상 자신에게 맞는 일을 찾아내야 한다.

사업의 성공은 노력과 흔히 말하는 사업운, 타이밍이지만 창업하고자 하는 시장상황을 잘 읽고 자신의 재능과 역량을 다할 때 이루어지는 것이다.

그리하여 선택한 일에 대해 집중하는 것만이 살 길이며 정보는 바로 돈과 직결되는 세상이 된 것이다.

따라서 트렌드 관련 책을 섭렵해 읽고, 스마트폰과 인터넷 혁명, 인구 및 정책을 포함한 모든 상황들이 변화하면서 바뀌는 것을 현장에서 직접적으로 체험하고 전년도와 당해 연도의 트렌드 변화를 알고 자신에게 맞는 맞춤형 창업을 해야 한다.

필자가 창업할 당시, 창업이 뭔지도 모르거니와 내 생각만 가지고 시작했지만 마침내 내 형편과 생각에 맞는 맞춤형 창업이 된 이야기이다.

본래 속초 출생으로 바닷가에서 자랐지만 경상남도 내륙지방의 산골로 시집을 갔다. 넓디넓은 바다를 보고 자라고 서울에서 직장생활을 했던 나로서는 단지 신랑이 좋다고 결혼을 하고 나니 그곳이 산골인지를 그때서야 알았던 것이다.

당장 돈도 필요했지만 숨 막히는 시집에서 나오고 싶어 대도시에서 온 트럭장사꾼과 사람들을 볼 수 있었던 5일장에서 일단은 처음으로 보따리 장사를 시작했다.

아무도 모르는 곳에 달랑 혼자 리어카에 보따리를 끌고 가 베갯잇 등의 홈패션 소품을 파는 보따리 장사꾼으로 출발했던 것이다.

물론 혼인 전에는 잠시나마 은행에서 근무도 했었고 세무서에서 근무도 해보았지만 거창하게 창업자금이라고 딱히 준비해 둔 것이 있는 것은 아니었다.

단지 생활비나 좀 벌어볼까 하고 5살짜리 꼬맹이 아들 손을 붙잡고 덤빈 장사였지만 대구로 분가하면서 바로 인생 2막이 시작된 것이다. 무식이 용감이라고 딱 이럴 때 내게 합당한 말이 아닐까 싶다.

성당시장이라고 하는 전통시장을 한 이틀 돌아보고는 누비이불을 만드는 공장으로 가서, 그것도 외상으로 새 제품을 그날그날마다 조금 받아서 팔고 입금시켜 주는 말 그대로 난전장사 새댁으로 새 출발을 하게 된 것이다.

그렇게 해서 출발한 난전장사 새댁은 돈에 맞춰 분식집을 차리고 2

176

년간 모은 돈으로 화장품 전문점을 창업하고는 정장 전문점 직수입까지 단계별 성장을 했고, 마침내 25년간의 경험과 몇 개의 대학을 거쳐서 현재는 퍼스널브랜딩이 제대로 된 경영컨설턴트로 확고하게 다져진 전문가로 인정받을 수 있었다.

어떻게 도움을 줄 수 있을까, 어떻게 힘이 되나 하고 내 입장에서 생각한다면 그조차도 내 교만이라고 생각한다. 왜냐하면 상담을 해오는 예비 창업자들도 당장은 조금 더 나은 정보를 듣고자 하지만 결국엔 급변하는 정보의 변화와 트렌드에 맞춰 나아가야 하는 것이, 동행하는 길이라 생각하기 때문이다.

02
최신 국내 10대 트렌드

다시 한 번 강조하지만 혼돈의 경제 속에서 관심과 아는 것이 힘이며 최선을 다해 선택한 일에 대해 집중하는 것만이 살 길임을 명심해야 한다.

정보는 많이 들으려고 애쓰고, 경험은 최대한 해봐야 담대해지므로 체험할 수 있는 시간을 충분히 가지고 교육을 받는 마음으로 받아들이다 보면 어느 순간에 자신감과 열정이 생긴다.

트렌드를 예측하는 방법으로 가장 기본적인 국내 경제의 흐름과 기술발전의 정책, 인구구조의 변화를 살펴야 소비자들의 심정적 심리파악을 할 수 있다.

다음은 현대경제연구원이 최근 주요 국내외 미래 분석 자료 등을 토대로 새롭게 주목받을 것으로 예상되는 트렌드를 선정한 내용들이다.

1) 다시 그려보는 한반도 경제지도

2018년에는 남북대화 및 경협이 재개되어 '한반도 신경제지도 구상'이 현실화될 가능성이 높다고 한다. 이는 평창 동계 올림픽을 계기로 재개될 수 있는 희망을 가지고 최고 정책결정자의 정책적 결단, 국제사회의 지지와 이해, 국민적 공감대 형성으로 남북 대화 및 경협 재개가 이루어지는 자리가 되어야 한다고 예언했는데 실제로 평창 동계 올림픽에서 북한과의 만남이 이루어지고 대화분위기가 되어가는 추세다.

2) 4륜구동 경제 성장

현대경제연구원에서는 정부의 성장 정책인 소득주도 성장에 포함된 교육 및 노동 부문의 개혁을 명시적으로 부각하고 창의성 및 생산성 향상의 중요성을 강조한 4-Sheel Drive 성장 정책을 제시했다.

- 소득주도 성장 : 정부의 주 관심사가 일자리 확충 및 가계 부문의 소득 증대에 집중돼 있으며 소비 활성화 및 내수 확대를 견인하는 전체적인 경제적 방향의 성장정책 엔진 역할 설정을 말한다. 경제 조건의 개선 흐름을 유지하고 기업 성장을 발판으로, 자발적으로 이루어지도록 추진되는 일자리 확충을 하는 것이 바람직하다고 예시했다.

- 기술혁신 : 4차 산업혁명 도래와 함께 항상 대두되는 것은 기술혁신 성장이며 경제 성장의 핵심 원동력으로 성장잠재력 제고와 급변하는 경쟁 패러다임에 대응해야 하므로 필수적으로 집중화하여야 한다. 현실적으로 국내 스타트업 기업과 기존 대기업 간의 오픈 이노베이션 및 융합 R&D 활동이 더욱 더 활성화될 것을 기대하면서 첨단기술 개발 여력이 있는 기존 대기업의 참여로 민간 부문의 R&D 투자를 견인하는 중추적인 역할로 기술혁신이 효율적이고 빠르게 상용화될 수 있도록 지원이 돼야 함을 강조했다.

- 교육개혁 : 출산 생산 감소 현상의 발생으로 점점 아이들이 적어지고 고령화되어가는 추세에 더불어 4차 산업혁명 등 새로운 시대가 오고 있으며 변화해가는 새 시대에 대비하기 위해서는 창의성이 존중받을 수 있는 교육 시스템 구비가 필수적이라고 얘기한다. 학생

180

수가 점점 줄어드는 현실에서 학교의 통합이 발생될 것으로 예감하고 있고 대학도 진학생 수가 점점 줄어들 것을 예상하여 통합이 이뤄질 것으로 예견되며, 다양한 가치가 존중받는 미래사회 운영 체제에서 살아남기 위해서는 창의성이 필요한 요건이 된다.

  - 노동 개혁 : 4차 산업혁명의 영향이 급속한 기술 변화를 가져올 것이며 불안한 경제 전망 등에 기업이 신속한 대처를 위해 임금 조정, 고용 조정, 법제도 조정 등을 수반하는 고용 유연화가 필수적이며 인공지능 및 로봇이 대체하는 일자리 환경 변화에 대응할 준비를 해야 한다. 일자리 창출 중심으로의 경제 정책 패러다임 전환이 현실적으로 성과를 거두기 위해서는 사회적 대화 및 노사관계 개혁이 뒷받침되어야 함을 강조했다.

4륜구동 경제 성장의 구성 요소를 살펴 본 이유는 단기적인 성과 도출이 매몰되어지는 것을 예방하고 확장적인 재정 지출에 따른 재정 건전성 악화를 방지하는 차원에서 근본적인 기반이 되어야 함을 연구 선정했다.

3) 사람들이 실제로 느끼는 체감경기와 지표경기 온도차 지속

전문 경제 연구원들의 발표에는 세계 경제의 완연한 회복 흐름에 힘입어 수출경기가 나쁘지도 않으며 국내 경제 회복세 지속으로 경제 성장률이나 지표경기의 회복세는 당분간 유지될 전망이라고 하건만 우리가 겪는 내수경기는 생활물가가 계속 상승하는 거 같고 여기저기서 명퇴를 하게 되는 등의 높은 체감 실업률 등으로 국민들이 느끼는 체감경기는 서류로 말하는 지표경기와 괴리가 점점 커지고 지속될 전망을 하고 있다.

수출산업은 회복되고 있다고 해도 내수 산업은 부진이 지속되고 힘들고 어려울수록 사람들은 소비를 하지 않아 문서로 말하는 글로벌 및 국내 경기가 회복되고 있다고 해도 우리들이 느끼는 소득증가율, 고용 부문의 미약한 개선 등에 의한 민간 소비 회복이 경제 성장 속도에 비해 많이 부진하게 진행될 전망이라고 발표했다.

또한 국내 기준금리도 인상되고 있고 금융법은 점점 더 까다로워지고 조달금리 상승 이유를 들어 국내 시중금리도 따라서 인상되고 있어 가계부채의 이자비용이 증가해 가계의 소득 감소로 민간 소비회복을 제약할 가능성이 존재한다.

4) 한국과 중국의 해빙기 준비 본격화

지난 2016년 7월 이후 사드 갈등으로 빚어진 한중 양국 간 경제적 냉각 양상이 골이 깊어 최근 양국 간 대화를 통해 해소하고자 하는 노력을 계속하고 있다.

사드 갈등으로 한국의 관광상품 및 관광조차도 경제적 손실이 엄청나게 발생되었고 중국 내부에서 운영하는 사업자들도 지속적으로 탄압을 받아 철수한 회사들이 많으며 국내 경제는 2017년에 8조 원 이상에 가까운 경제적 손실이 발생된 것으로 보인다.

그럼에도 불구하고 향후 대중(對中) 전략의 변화를 예상해서 중국의 수요 변화에 맞도록 하이테크 기술 품목, 소비재의 고급화 추세와 기술 관련 혁신형 산업구조의 환경 조성 등을 마련될 것으로 예측한다. 소상공인이 가장 가깝게 근접한 관광 활성화를 통한 한중 간 인적교류의 질적 전환을 기대하고 있다.

5) 공유경제의 '같이'와 '가치'로 주목받는 사회적 기업

한국의 사회적 경제 활성화는 선진국 대비 상당히 미흡한 것으로 평가받고 있다. 사회적 기업은 구성원 간 상호협력과 연대를 통해 공동

이익과 사회적 가치실현을 동시에 추구하는 기업을 의미하며 공유경제의 대표적 안전망이다. 사회적 기업은 일반 기업 대비 취업유발계수가 높아 고용 창출 및 유휴 인력 활동 등이 예상되고 사회안전망 강화, 맞춤형 서비스 제공 등의 복지효과가 기대된다. 새로운 일자리 창출 경로, 사회적 가치 창출 등에 기여할 수 있도록 정책적 지원과 사회적 관심이 필요하며 정부에서도 집중적인 지원을 표현하고 있다.

6) Tech-led Growth

2016-2017년의 격동의 한 해를 보내면서 그 후유증이 지속되고 있고 2018년 국내 경제까지도 여러 가지 리스크가 발생되고 있다. 이구동성으로 국내현장에서 나오는 한결같은 얘기들은 IMF때보다 더 힘든 거 같다는 중론이다.

유가 폭등과 금융이자 상승 등과 함께 후유증의 타격으로 모든 원가 부담이 증가하고 있고 소비 개선 부진 등의 리스크 요인이 동시적으로 상존하여 국내 경기 회복에 집중하고자 해도 기업 경영환경 개선은 제한적일 거라는 전망이다.

이와는 반대로 다른 한편에는 ICT 발전을 도모하고 기술 접근성을 개선하므로 중앙차원에서 기술혁신에 대한 지원 강화와 기술혁신에 대한 유인 프로그램이 강화될 것으로 예상된다.

기술에 대한 혁신, 그 혁신을 통한 생산성 향상 및 원가 절감 노력을 확대하는 것으로 기술창업이나 중소기업의 기술혁신이 활성화되지 않을까 기대해 본다.

7) Building up K-Startup Ecosystem

대그룹사들 및 중소기업들의 신규직원 채용이 줄고 있고 기존의 베테랑이지만 급여호봉이 높거나 여타 다른 이유로 명퇴, 권고사직을 받거나 정퇴가 연 평균 6,000명 정도가 꾸준하게 사회로 쏟아져 나오고 있는 시점에서 정부는 일자리 정책에 초집중을 할 수밖에 없게 되었다. 따라서 재취업이 힘든 사람들은 자연스럽게 창업을 생각한다.

2018년에는 시장상황의 변화에 따른 창업 생태계의 대변혁이 예상되어 정부의 적극적 지원과 민간 참여 활성화 등을 기반으로 하는 창업 및 벤처를 중심으로 한 혁신 성장의 원년이 될 것으로 전망한다.

그리하여 기술 창업과 벤처기업 육성을 위한 전략이 적극적으로 추진되고 있으며 특히 서울시 같은 경우는 스타트업 생태계 발전 가능성이 높은 지역으로 선정되면서 국내 창업생태계의 활성화 조짐이 보인다.

시장에서의 수요와 공급 요인을 고려하고 다양하고 디테일한 보완 정책으로 각 지자체에서도 집중한다면 한국 스타트업 생태계 활성화가 성공할 것으로 예견한다. 전국의 대학에 혁신 창업센터가 포진돼 있고 벤처 활성화를 위해 다양한 정책을 추진 중이며 아시아 최초의 구글 캠퍼스를 서울에 유치, 판교 테크노밸리 조성 등을 통해 스타트업 전진기지를 적극적으로 육성하는 민간 참여 확대 등의 유치, 확대를 통해 질적으로 강화된 혁신적 창업 기반이 지속적으로 구축될 전망이다.

국내 기업 중에는 쿠팡, 옐로 모바일 등 2개에 불과하지만 글로벌 유니콘 클럽에 진입함으로써 향후 더 발전될 수 있고 성장할 수 있다는 것을 보여주는 계기가 되고 있다.

8) Z의 시대의 서막(Generation Z)

Z 세대는 19세 미만의 청소년을 뜻한다. 인구통계학자들은 일반적으로 1990년대 중반에서 2000년대 중반까지 출생한 세대라고 분류하지만 어디까지라고 단정 지어지고 통일된 의견은 없다.

Z 세대를 단정 짓는 가장 큰 특징은 '디지털 원주민', '디지털 노마드'이다. 왜냐하면 2000년 초반 IT기술 붐과 함께 유년 시절부터 디지털

환경에 그대로 노출된 세대답게 신기술에 민감할 뿐만 아니라 이를 자유자재로 소비활동에도 적극 활용하고 있기 때문이다.

2018년에는 Z 세대 중 성인 비중이 50%를 넘어설 것으로 예측하므로 개인과 가정의 소비패턴에 변화가 기대된다. 그리고 Z 세대는 모바일 기기가 주요매체로 활성화된 시점이라 모든 소통을 모바일 기기로 통한다. 그들은 개인이 우선이고 현재가 중요하며 그 가치가 얼마만큼의 중요도인가를 따지는 중심적인 의사결정이 더 더욱 확대될 전망이다.

Z 세대의 주된 인생 모토는 YOLO(욜로), WLB(워라벨) 사상으로 주변 시선과 사회적 구속 및 통념을 넘어서서 개인, 현재 가치 중심적인 의사결정을 중시하는 세대이다.

Z 세대가 경제와 사회의 주축으로 태동되고 모든 일상과 취미 및 활동들을 모바일로 소통한다는 것의 특성을 고려해서 전략이 필요할 전망이다.

9) Gig Economy 시대의 도래 및 노동시장의 변화

Flexibility 는 유연성(flexibility)과 안전성(security)의 합성어로 사회안전망을 통해 노동시장의 유연성과 안전성을 동시에 추구하는 덴마크의 고용복지제도로써 한국은 2018년도에 이 제도를 노동시장에서 실험해 보는 해로 잡고 있다.

기업은 기업의 상황에 맞는 맞춤형 직원수급을 원활히 할 수 있도록 '해고의 자유'를 기업에게 부여하고, 기업은 그때그때마다 필요에 의한 베테랑을 계약직으로 수급함으로써 조금 더 유연하고 안정성 있게 기업운영이 되도록 하고, 노동자에게는 실업급여와 직업교육을 통해 생활안정과 재취업 기회를 제공한다는 제도이다.

이제 기업들이 정규직 형태의 고용보다 필요에 따라 계약직 혹은 임시직으로 사람을 구하는 것을 선호하는 Gig 경제 시대가 오고 있다. 해외에서나 특히 일본에서는 수년 전부터 이미 Gig 경제가 활성화되고 있고 굳이 청년들조차도 정규직이 꼭 아니더라도 두 건, 세 건을 계약하여 가정생활을 하는 것으로 수치가 나와 있다.

그러나 최근 정부는 비정규직의 정규직화, 공공일자리 창출 등 고용의 유연성 확대보다는 고용 안전성을 강조하고 있다. 일자리 고용 창출로 정규직화도 중요한 일부이기도 하지만 Gig 경제의 필요성을 인식하고 Gig 노동자들의 삶의 질 제고를 위해 노력해야 하며 대안이 제시되어야 한다고 생각한다. 정규직화와 비정규직화는 항상 존재한다.

10) Steep 소비(소확행)

　실질소득 정체 및 가구의 핵분열화와 소형화로 인해 경제적이고 개인 효용 극대화에 높은 가치 부여로, 오직 나만의 가치를 추구하는 Steep 소비행태가 심화될 것으로 생각한다.

　날로 경제가 더 어렵게 전개되고 1-2인 가구 비중 확대가 됨에 따라 불투명한 미래를 위해 오늘을 절약하고 사는 것보다는 경제적이며, 개인의 만족을 높이고, 비록 적더라도 확실하게 나를 행복하게 해주는 소비행태를 심화시키는 요인으로 분석된다.

　다음은 Steep 소비 전망이다.

　첫째, 개인물품 소유소비에서 공유형(Sharing) 소비로 비용 절감과 빠른 유행 변화 흐름의 맞춤형 대여 및 중고시장 등을 활용하는 소비 현상 확산을 뜻하고 카세어링, 숙박 쉐어링 서비스, 가정용품, 장난감 등의 범위가 계속 확장 중이다.

　둘째, 웰빙형(Toward the health) 소비행태가 심화될 것이고 가구의 소형화 기대수명 증가로 인해 건강염려에 따른 소비행태가 심화될 전망이다. 1-2인 가구 비중이 57%에 이룰 것으로 전망되면서 웰빙 간편식 소비, 요가, 헬스, 건강관리형 피트니스 시장, ICT 접목된 헬스케어 기기 시장 확대 등의 웰빙형 소비 확대가 전망된다.

셋째, 나만의 기능성 상품을 선호하는 실속형(cost-Effective) 소비형태가 뚜렷하게 확산될 것이다. 스마트폰, 소셜미디어 등을 통해 소통이 확대되면서 활발한 정보교류에 의한 소비현상 확대가 확장될 것으로 전망한다.

넷째, 경험활동을 통한 가치 충만으로 경험형(Experience) 소비 형태로 가치 중심이 될 것이고 문화, 오락시설 등이 가미된 복합쇼핑몰 및 유통매장 등의 확산으로 직접 체험하며 소비 욕구를 높이는 경험소비가 확대될 것으로 예견한다.

다섯째, 불투명한 미래보다 현재 소비에 더 큰 가치를 두는 현재형(Present) 소비형태가 확대될 것으로 기대된다. 불확실한 미래를 대비하는 것보다 하루를 살아도 확실하게 행복한 현재를 더 만족하게 살고 싶다는 심리적 자기 행복, 자기만족 중시의 소비현상이 심화될 것으로 전망하며 그 추세가 늘고 있다. 국내외 여행 맛집 탐방 등을 통해 혼자 혹은 함께 팀으로 움직이는 활동을 통해 소통과 행복과 가치에 현재 소비중점을 두는 현상이다.

03
한국 국민들은 어떻게 변하고 있는 것일까

지금부터는 전년도 국내 정세와 현장 경기들의 변화에 따른 영향력 들이 어떻게 작용하여 2018년도 트렌드로 적립이 되었는가를 서울대 학교 김난도 교수의 2018년 트렌드 코리아의 발표사안으로 구성해보 고자 한다.

창업에서 가장 예의주시해야 하는 경제, 기술, 인구라는 3대 요인의 변화가 어떻게 현장에 투영이 되어 소비의 메가트렌드에 영향을 미치 고 있고 현재 우리나라 소비시장에 어떤 영향력으로 한 축을 장식하 고 있는지를 살펴보려고 한다.

네이버 백과는 '트렌드'라는 개념을 다음과 같이 정의했다.

트렌드 : 독창성이나 저작권을 신경 쓰지 않고 남을 따라할 수 있다고 여겨지는 것.

트렌드란 물결이다. 졸졸졸 흐르는 시냇물처럼 시작되었다가도 어느 순간 '돈이 보인다!'를 외치는 사람들에게 포착된 순간부터 거침없이 대세를 이루며 흘러가는 큰 물결을 이루기도 한다. 물론 트렌드는 유행이다. 유행은 한 세대를 풍미하고서 지나간다.

트렌드라는 것이 무엇인가를 정의하고자 할 때 다수의 소비자들이 흐름을 따라 이동하는 물결 같은 것과 같다고 한다. 그러면 사람들은 왜 트렌드라는 것에 자신을 노출시키려고 하는 것일까?

그것은 시대적 가치가 요구하는 유행이라는 흐름에 동승하여 자신들의 소비행위에 가치를 부여하고 싶기 때문이다.

추구하고자 하는 소비가치는 시간을 두고 변화하기 때문에 거기에 나의 개성을 심고 내 것을 만들 것인가, 흐름으로 끝낼 것인가는 자신들의 자발적인 창의적 사고에 달렸다고 생각한다.

창업을 하려면 시대가 바뀌어 현장이 변하고 있고 사람들의 심리가 바뀌고 있음을 인정하고 인지해야 한다.

1) 과시했던 태도가 가치의 중요성으로 변하다(Monetary Value)

개인화와 정보 환경의 변화로 가치소비가 확대되었다.

국내 경제적인 여건을 포함한 정보산업, 유통산업, 미디어산업 등의 대변혁과 당장 내 손 안에 들어와 있는 4차 산업혁명의 단초가 될 수 있는 스마트폰의 활성화와 다양성으로 국내 소비자 심리뿐만 아니라 선호도의 변화가 빠른 속도로 변하고 있다.

'우리'라는 개념보다 '나'라는 개념으로 자기 지향적 성향이 강해지면서 자신을 위한 가치지향성이 높아지는 현상이 두드러지게 표출되고 있다. 이러한 변화는 2008년 이후의 한국 경제가 조금씩 갈수록 정체되어 가고 가계의 실질소득이 줄어들면서 실속파들이 속속 생기고 늘어나고 있는 추세를 보면 알 수 있다.

여기에서 사람들은 '남에게 내가 어떻게 보였으면 좋겠어.'라는 것에서 '남의 시선은 중요하지 않아. 나 자신이 얼마나 만족을 먼저 하는가가 중요한 거야.'라는 문제의식으로 전환되면서 과거의 소비중심사고가 실속 있는 투자 대비 가성비가 얼마나 높아졌는가에 초점이 맞춰지고 있는가도 소비 기준점이 바뀌고 있는 것이다.

실제로 해외 명품들이 국내 입점을 하면 무조건 대박이므로 해외 명품 브랜드들은 국내 입점을 안 한 회사들이 없고 백화점들의 '명품'에

대한 인기가 하늘을 뚫고 백화점 매출의 전체를 휘두를 정도로 좌지
우지했던 것이 수년간의 유통 채널이었다.

그러나 이제 투자 대비 가성비를 중시하는 소비자들의 증가로 백화
점 사업이 사양길로 접어들고 있고 소비자들의 가치 지향적 사고의 변
화로 매출이 현저히 떨어지고 있음을 볼 수 있다.

정말 변할 것 같지 않던 한국 국민성으로 비춰질 만큼 국내뿐만 아
니라 해외에 나가서까지 명품전쟁을 치르던 한국민을 부끄럽게 만들
었던 소비자들은 어떻게 변화를 인정하게 된 것일까?

그것은 바로 '정보환경의 변화'일 것이다.

필자가 20대 때 서울에서 직장생활을 할 무렵에는 명품보다도 '케
리부룩', '에스콰이어', '금강제화' 등이 최고였고 그 회사들이 광고를
하거나 카탈로그 및 제품 안내서를 보내주면 그것만으로 정보를 듣고
명동이나 종로에 나가고는 했었다.

객관적인 소비자 정보가 충분치 않고 브랜드에서 주는 광고 및 생산
자 정보로만 구매를 할 수 있거나 먼저 정보를 받고 구매한 사람의 입
소문이나 부러움으로 구매를 결정했던 것이다.

이후 해외의 명품 회사들이 백화점에 입점하면서 국내 브랜드들이
뒤로 밀려 들어가고 수년 동안 명품전쟁으로 인해 연령층에 상관없이
명품앓이를 했어야 했다.

그러나 최근 인터넷과 스마트폰을 중심으로 1인 매체가 강해지고 '집단 먼저' 위주의 사고가 '내가 우선 먼저'라는 개인 중심사회로 전이되면서 객관적인 소비자 정보를 수렴할 곳이 방대해졌다. 그리고 타인의 생각과 같은 소비자들이 남겨놓은 리뷰를 확인하고 비교분석표가 나돌 정도로 정확한 정보를 서치할 수 있으니 브랜드 회사가 내놓은 정보나 생산자들의 후광이나 설명이 굳이 필요 없는 상황이 가속화되고 있는 것이다.

이러한 정보환경의 변화가 유통변화의 극대화를 초래하고 집단 속의 일개 점으로만 있던 소비자들이 자기 색깔을 드러내기 시작하면서 개인 지향적 소비관의 변화가 강도 높게 심화되어 소비자는 날이 갈수록 똑똑해지고 있다.

'자기 차별화', '자기 독특화'로 세상에 '자기'를 표현하는 데 우선시하고 있다는 것이다.

2) 가난하던 시절 소유의 자랑에서 경험으로(Experience)

소비의 고도화와 SNS가 시발점일 것이다.

소유하므로 행복하고 보고 있기만 해도 행복했던 지난날들은 모든 물자가 풍요롭지 않았고 귀했다. 그리하여 누구나 소유하고 싶어 하고 자랑하고 싶어서 집으로 초대해 보여주기도 하던 한국이었다.

그러나 최근 국민소득이 증가하고 소비가 고도화되면서 경험에 대한 소비 트렌드가 중요해지고 있다.

건국 이래 '소유'가 적립화되어 있다가 최근 몇 년 사이에 경험소비가 중요해진 이유는 무엇일까? 그것은 바로 '경험소비'와 '체험소비'일 것이다. 그것이 소유보다는 소비자의 '행복'과 '가치'에 더 크게 기여하기 때문이다.

우리나라 소비성향이 소유지향에서 경험지향적인 것으로 바뀌고 있는 중이다.

지금까지는 성취지향적이며 소유욕이 우선하여 소유의 축적으로 인한 권력 과시에 집중했다면 이제는 우리 국민들이 정확한 자기표현을 하며 조금 더 행복해하는 것에 방점을 찍는 방향으로 변화하고 있다는 것을 볼 수 있다.

3) 지금 이 순간 여기 가까이(Get Now-and-here)

이자율과 자산 가격의 하락에 불투명한 미래에 대응하는 소비이다.

사람들의 소비 트렌드를 파악하고 분석해서 내 사업화를 활성화하자면 그 사회 및 지역적 색깔이나 구성원들이 추구하는 삶의 지향점을 이해하는 것이 아주 중요하다. 그 지향점은 매일매일 구매행태에 반영이 되고 그 변곡점의 변화는 경영이 됐든 창업이 됐든 아주 중요하기 때문이다.

서울대학교 김난도 교수의 트렌드코리아의 연도별 키워드를 찾아보면 2009년 '소박한 행복찾기'가 등장한 이후로 '떴다, 우리 동네(2010)'는 전국의 산꼭대기 마을벽화, 바닷가 마을동네, 부산 어디 골목과 산동네 등등 동네 이야기로 한동안 온 나라가 시끌벅적 난리도 아니었던 적이 있었다.

'나 홀로 라운징(2013)'은 나 홀로 여행으로 연결되어 지금까지도 유행처럼 지속되고 있다.

'숨은 골목 찾기(2015)'는 아름다운 골목 찾기와 옛 정취를 그대로 지니고 있는 골목 찾아내기, 가게세가 비싸서 옆으로 들어앉은 골목 찾기부터 특별한 골목을 찾고 스토리로 만들어내는 추억으로의 회귀의 시간도 있었다.

'럭셔리의 끝 평범(2015)'은 패션이든, 부동산이 됐든 그 무엇으로든 명품이 한 물 가고 평범한 듯하면서 멋스러운 차별화가 시작됐던 해이다.

또한 유통산업의 대변혁이 예고됐던 시점이다.

'일상을 자랑질하다(2015)'의 그해는 인터넷과 스마트폰의 활성화로 대한민국 전 국민이 어느 날 오로라에 빠진 것처럼 그렇게 자신의 일상을 SNS를 통해서 올리기 시작했다.

'대충 빠르게. 있어 보이게(2016)', '지금 이 순간 욜로 라이프(2017)'는 아주 광풍을 일으키기도 했고 국민들 사이에서 YOLO족과 준비족들이 대립되어 상반되는 이견도 엄청나게 반론이 많이 나왔던 한 해이다.

미래를 계획하지 않는 사람들, 미래의 불확실한 시간을 위해 투자하는 것보다는 현재 지금의 행복이 더 중요함을 중시하는 태도 및 자세와, 그렇게 살다가는 향후 미래의 삶을 망친다는 사람들과의 상반된 토론도 있었다. 또한 욜로족으로 인해 유통산업들이 마케팅 전략에 집중했던 한 해이고 욜로족들의 행보는 아직도 진행형이며 사회 흐름과 맞물려 돌아가고 있다.

'소확행, 작지만 확실한 행복(2018)'은 작은 결혼식, 지역사람들만 아는 숨은 맛집 찾기, 거창한 것보다는 오직 나를 위한 확실한 행복이라면 지갑을 열겠다는 행복주의다. 욜로족처럼 거창하지 않고 미래를 위해 자신을 투자하지만 현재도 중요해서 작더라도 그것이 정확한 것이라면 자신을 위해 투자하겠다는 트렌드이다.

이러한 여러 경향들이 1988년 이후~2008년까지와, 2008년을 기점으로 바뀐 2008년 이후의 트렌드는 성취 지향적 소비에서 경험 지향적, 체험 지향적으로 전환되었다.

1988년 서울 올림픽을 변곡점으로 우리 소비자들의 소비성향이 명품이나 여행이나, 가구 등 명예를 존중하고 권위를 내세우며 잘난 척하고 싶어 하는 과시형에서 실속형으로 바뀌기 시작했던 것이다.

비록 짧은 여행을 가든, 내가 찾아낸 골목의 아주 협소한 식당이더라도 내가 흡족하고 만족하면 된다는 자기 주도형, 자기 만족형 선호로 바뀌어 가고 있는 것이다.

욜로족들의 대행보가 있음에도 불구하고 이러한 추세 변화가 발생하는 것은 이자율과 자산가격의 하락 때문이다. 또한 경기침체에 따라 취업이 힘들어지고 구직난이 점점 더 힘들어지는 것도 그 원인이다. 아울러 금리는 갈수록 낮아지는데 대출 금리는 갈수록 올라가고 있으므로 현재의 소비를 자재해야겠다는 중론이 모아지고 불투명한 자신의 경제적 미래에 더 이상 낙관할 수 있는 기대심리가 위축되면서 작고 현명한 현재지향적인 실속형 소비로 반전이 된 것이다.

'일상을 자랑질하다(2015)'의 SNS의 활성화는 현재도 계속적으로 한 몫을 할 것이다.

정보를 공유하고 자동차나 명품처럼 '한 번에 힘 콱콱 주는 그런 비싼 것보다는 소소한 일상을 공유'하고자 하는 아이디어와 아이템이 선호되기 시작하면서 전국적인 변화가 주어졌다.

아주 작게라도 정확한 기쁨 및 자기만족 추구가 되는 지금 이 순간 욜로라이프의 삶을 유지하면서 미래도 가꾸어가고 싶은 소비심리를 간파해야 함이다.

4) 능동적으로 변하는 소비자들(Active consumers)

소비자 주권 행사에 적극적으로 나서는 주요한 이해 당사자이다.

이제는 소비자가 주체이며 고객이자 생산자의 대열에 서 있기까지
한다.

인터넷과 스마트폰 등을 포함한 통합 미디어 마케팅 전략이 활성화
되면서 소비자가 적극적으로 활동하고 의견을 교류하고 집단행동도
가능한 플랫폼이 아주 다양하게 형성되며 발전되고 있다. 그리하여 활
동범위는 계속 넓어지고 그 역할도 수동적인 것에서 탈피하여 능동적
으로 변하고 있다.

앨빈 토플러가 주창한 '소비자가 소비에만 머무르지 않고 생산에까
지 적극 참여하게 될 것'이라는 프로슈머 개념 혹은 정신이 현실로 드
러나고 있고 더 극대화되고 있는 것이다.

소비자 능동성의 확대는 미디어와 콘텐츠 영역에서 두드러지게 나
타나고 있다. 몇 년 전 모바일 소셜 네트워크 플랫폼이 보급되기 이전
을 생각해 보면 인터넷 홈페이지 등을 중심으로 UCC 동영상 대회도
있었고 UCC 동영상 영상물을 업로드하는 활동을 펼쳤던 기억을 하나

쯤은 갖고 있을 것이다.

현재는 정보통신 기술의 발전으로 팟 캐스트의 개인방송국, 페이스북의 개인방송, 1인 미디어 제작자로 영향력의 범위를 넓혀갈 수 있다.

소비자의 능동성의 확대는 콘텐츠 생산영역에만 머무르는 게 아니고 소비생활 전반으로 확산되고 있다. 2017년 모 라면기업의 옛 전설 같은 얘기로 불매운동이 불같이 일어났고, 삼양라면의 옛 업력과 선행이 일파만파 SNS에 퍼지면서 판매확대운동이 벌어지고, SNS의 정보 확대로 소비자의 선택이 산업의 흥망을 좌우한다는 '화폐 투표'를 통한 소비자 주권 행사의 파워가 현실화되고 있거니와 날이 갈수록 과도해져서 우려를 표명하기도 할 정도다.

또한 소비자들이 힘을 모아 단종된 제품을 써보니 요즘에 나온 신제품보다 구제품이 훨씬 좋으니 재생산해달라는 요청에 따라 단종된 제품을 다시 생산하게 하거나 크라우드 펀딩으로 아예 돈을 모아 모 회사의 주식을 사들여서 회사운영에 관여하기도 한다.

이렇게 구매나 불매운동의 범주를 벗어나 생산에 직접적인 영향을 미치거나 주권의식이 크게 팽배해지고 있는 현실인 것이다.

지금 한국의 소비자는 기업, 비영리조직, 정부 공공기관에 이르기까지 조직 모두에게 경영의 패러다임이 바뀌게 하는 아주 중요한 이해 당사자로 당당히 자리 잡게 된 것이다.

물건을 구매해주는 '고객'이나 '대상'에 그치지 않고 '호구'나 '호갱'

으로 남지도 않을 것이며 제품이나 정책 개발은 물론 그 운영방식에
도 깊숙이 관여하는 유력한 주체로 변하고 있는 것이다.

5) 신뢰를 찾아서(Trust)

과잉 근심과 각자도생의 시대, 미숙한 정부의 대처도 한 몫을 했다.

'진실'은 우리들에게 늘 숙제이다. 하지만 '진실'은 항상 '의심'을 안
고 있다고 표현해야 맞을 정도로 모든 것의 답은 '사람'이 쥐고 있음
이다.

'사람' 속의 '진실'이 우리가 추구하고 원하는 신뢰인 것이다.

4차 산업혁명 시대가 왔다고 두려워하고, 어쩌면 우리 곁에 와 있는,
아니면 어떠한 모습으로 다가올지 모르는 시대를 모험처럼 그 도전을
받아들일 수밖에 없는 시간을 맞이해야 한다.

시간이 지남에 따라 정보는 갈수록 많아지고 소비자의 신뢰는 '날
선 사람들의 도시(2013)'에서 '각자도생의 시대(2017)'로 점점 더 악화
되고 있다는 점은 조금은 역설적이고 한편으로는 우려스럽기도 하다.

왜 이런 일이 벌어지는 것일까?

전 세계적으로 경제적인 저성장과 경제 위기가 상시화되고 있는 시
점에 한국 경제 역시 2017년부터 눈에 띄게 현실화되고 있다.

평생직장의 개념이 사라지고 고령화 시대의 노후에 대한 염려도 커지고 있다. 또한 가족 간 연대도 옛날 같지 않으며 개인 친화적 경향은 날로 심화되고 있다.

게다가 지진 같은 자연재해와 안전사고도 불시에 발생되고 있으며 생각지도 않았던 강력범죄가 잇따르고 있다는 점까지 포함해 사회에 대한 불신으로, 나 이 외에는 믿을 자가 없다는 불안감과 절박함이 '강해야 한다.', '살아남아야 한다.'라는 심리적 강박관념으로 심화되고 있는 것이다.

6) '개념 있는' 소비의 약진(Responsible consumption)

과시의 대상이 '부'에서 '개념'으로 바뀐다.

한때 몇 년간 한국 내에 휘몰아친 모피코트와 모피반코트, 모피 디자인의 의류가 난리도 아닌 적이 있었다. 부자와 신분의 상징으로 자신을 세우고 싶어 하는 사람들의 표현방식으로 짧은 모피 옷이라도 꼭 하나쯤은 있어야 여자들 속에 낄 수 있을 거 같았고 그래서 그 모피 옷을 여름에 세일할 때 세일해서 하나쯤 사두었다가 그 다음 해 시즌에 입을라치면 유행이 바뀐 모피 디자인이 나오곤 했었다.

그렇게 몇 년 가다가 최근 몇 년 전부터 시들하다. 왜 그럴까?

매스컴이나 전문잡지, 혹은 동물애호단체에서 매를 맞기 시작했다. 모피를 만들려면 몇 마리의 짐승을 죽이고 가죽을 벗겨야 하느냐, 그걸 구입해 입는 사람들의 본성까지 들춰 가며 몰매를 때리기 시작하면서 모피 옷은 입고 다니지도 못하고 자랑하지도 못했다. 악어가죽 명품백도 마찬가지 그와 같은 경우다.

그리하여 거들먹거리던 '부'와 신분의 상징에서 '개념'으로 바뀌기 시작했다.

환경보호를 해야 한다는 자신의 개념을 표현하기 시작했고 갈수록 그런 소비자가 늘고 있다.

또한 실용성과 친환경성을 실천하는 적극적 소비자들이 늘면서 목공도 직접 배워서 만들어 쓰기를 자처하는 등의 소비개념이 '연극적 개념소비'와 '미래형 자급자족' 트렌드화되기 시작하고 키워드로 바람이 불기 시작한 것이 2016년에서는 절정을 이루었다.

다양한 정보 플랫폼을 통해 많은 정보를 공유하게 된 적극적 소비자들은 생태주의나 교역환경 등 '개념 있는' 이슈에도 자연스럽게 관심을 두게 되다 보니 마음 맞는 사람들끼리 땅을 사서 나누어 집을 짓고 동아리마을처럼 들어가 살기 시작하는 사례도 나오고 동호회로 뭉쳐서 생활화하기 시작하면서, 즐기면서 나누는 문화로 생각이 바뀌어 가고 있다.

'대의 마케팅'의 한 샘플로 자리 잡히는 트렌드 변화로 사회개념이

군중 속으로 전파되고 있음이다.

7) 공유경제로의 진화(Evolution of Sharing Economy) 중

소비자 가치관의 변화와 기술의 발전 정책적 배려의 융합이다.

지금은 거실과 방마다 TV가 있거나 컴퓨터나 노트북도 따로 방마다 있다. 스마트폰은 또 어떤가? 한 사람이 한 대는 기본이고 두 대 세대씩 들고 다니는 사람도 있다. 개인화가 극개인화가 되어버린 이기적 개인화의 단면이다.

어려서 자랄 때 생각해 보면 TV는 마루에 한 대 있으면 가족이 다 모여서 본다든지, 작은 마을에서는 아예 동네 TV가 되었고 전화기도 점방집이나 부잣집에 한 대 정도였다.

먼 타지 친척이 '내일 몇 시에 전화할 테니 그 시간에 와서 기다리라.'고 하면 그 다음 날 전화기 있는 집에 가서 기다리다가 전화를 받던 풍경도 있었다.

어제는 모 기관 지역점장님께서 집 전화를 기본요금 5천 원을 내고 계속 몇십 년을 사용하고 있었는데 집사람이 집전화로 들어오지도 않는데 그 돈도 아깝다고 없애자고 하여 없앴기는 하지만 왠지 서운하다고 하시는 말씀을 듣고 왔다.

이처럼 소비물이 갈수록 개인화하는 이유는 분명히 있다. 소비자 입장에서는 혼자 쓰는 게 편하고 이동도 간편하다. 그리고 생산자입장에서는 한 집에 한 대 팔 것을 식구 수대로 팔면 돈도 되고 매출이 많아지는 것을 기대할 수도 있다.

옛날에는 수요는 많은데 공급이 부족하던 시절이었고 요즈음은 공급은 넘치는데 수요가 줄고 있으므로 당연히 소비자의 선택을 기다려야 할 정도로 자본주의 경제발전이 지속되고 있어 선택적 소비자의 개인화는 당연히 예상했던 결과이다.

최근 들어 스마트폰의 기능이 날이 갈수록 다변화하고 다양해지면서 플랫폼 기술의 발전이 빠르게 개인화를 거스르는 공유경제의 흐름이 확산하고 있는 것이다.

　공유경제로의 확장과정은 깔끔하니 순조롭게만 진행되는 것은 아니지만 그런 과정을 거치면서 발전되고 안정된 정착화로 가는 것 같다.

　다양한 인터넷 매체의 발전으로 자신의 표현을 자유자재로 구사하고 공감을 구하는 일들이 모든 세대를 막론하고 전개되면서 정보는 공유하고 네트워크에서의 인간관계를 맺어나가는 데 거리낌이 없는 소비자가 크게 늘어가고 있음을 주시해야 한다.

　공급자가 펼쳐내던 공급중심시장에서 소비자가 만드는 수요중심시장으로 바뀌어 가면서 현장에서 보이는 양면시장의 플랫폼 경제가 공유를 가능하게 하고 있다.

　공유 주차, 공유 자전거, 공유 주거 등 각종 공유 서비스에 대한 지원은 각 지자체마다 특징 있게 확장하기 시작하면서 기술적으로든 정책적으로든 공유의 인프라가 넓어지기 시작했다.

　따라서 소비자들은 점점 공유 친화적으로 변해가고 있다. 거기에는 소셜네트워크의 파급력도 한 몫을 했거니와 최근에는 1명이나 2명으로 자라난 젊은 세대들은 어려서부터 디지털 기기에 익숙해 있어 거부감을 느끼지 않고 자연스럽게 스마트폰의 앱을 통해서 취미나 성향이 같은 대상을 찾아 함께 작업을 하는 것에 편안해한다.

번개처럼 모여서 처음 보는 사람들끼리 소셜다이닝 파티 등을 하거나 에어비엔비 쉐어하우스 등은 이런 환경에서 나온 결과이다.

공유경제의 확산은 소비자들이 적은 비용으로 다양한 상품과 서비스의 혜택을 같이 누릴 수 있게 한다는 것 때문에 소비자들의 환호가 따르는 것이라고 본다.

사람들의 시각은 다 제각각이지만 동질시되고 사고가 같은 사람들끼리의 공유경제에 대한 마인드가 활성화된다면 새로운 공유의 플랫폼을 제공할 수 있는 사업자들에게는 무궁무진한 새로운 시장이 열릴 것으로 기대한다.

8) 개성 앞에 무너지는 경계와 고정관념(No Stereotypes)

집단주의적 규범을 누른 개인주의적 가치관의 득세다.

매너남녀(2010), 스칸디맘(2013), 햄릿족(2015), 어번그래니(2015), 아키텍키츠(2016), 픽미세대(2017), 워라벨 세대(2018) 등의 거의 생소하고 낯선 단어들의 키워드가 매년 아기가 태어나듯 새롭게 태어난다. 이는 그 당시의 흐름에 맞는 새로운 소비족들이 등장하고 변화하고 대체된다는 얘기다.

교육을 하는 내 입장에서는 생존을 위해 컨설팅하고 교육을 해야 하니 공부할 수밖에 없고 그나마 아주 조금씩 써먹지만 일반인들은 관심도 없는 단어일 수밖에 없다.

소비뿐만 아니라 소비에 대한 개념도 바뀌었고 역할과 취향에 대한 사고의 고정관념도 크게 변화됐다.

전례대로 내려온 집단주의적 규범이 개인주의적 가치관과 자기정체성에 자리를 내어주면서 개성에 대한 존중이 사회를 움직이는 기본적인 원리로 변화하고 있는 것이다.

이러한 예로 생성된 '스웨그(swag)'라는 단어는 실제로는 힙합 아티스트가 자신을 뽐낼 때 주로 사용하는 용어인데 지금은 '멋지다.'라고 표현할 때 '스웨그하다.'라고 말한다.

저항과 비판의 상징인 힙합 문화가 예전 같으면 어림도 없는, 정신 나간 저급스러운 문화정도로 치부되었지만 최근에는 기성세대가 정해놓은 기준이나 룰 방향 공동체가 아닌 오직 자기만의 개성을 표현하기 위한 '자기 찾기'의 표출로 인정해 주어야 한다는 것이 요즘 대세다.

이러한 '자기 찾기'의 개성, 자존감, 정체성 등의 표현방식이 힙합 세대 젊은이들만의 전유물이 아니라 정도의 차이는 다르지만 다른 세대로까지 번져나가는 시대적 흐름이라는 것이다.

9) 전쟁 같은 사투 속 경쟁과 안락한 휴식(Discord between Competition and Relaxation)

대립되는 키워드의 공존이 모순이 아니라 필연이 되는 상황이다.

트렌드 키워드의 흐름을 쭉 보노라면 재미있는 현상이 보인다.

사람들과의 경쟁사회 속에서 나를 일으켜 세우려면 열심히 무엇인가를 차별화시키지 않으면 퇴보하거나 퇴출이 되고 만다는 불안감 때문에 잠시도 자신을 편안히 쉬게 놔두지 않는 것이다.

그러다. 힘들고 지치면 자기만의 동굴 속으로 파고들어 우울증이 걸리거나 실어증, 혹은 아예 삶을 놓아버리는 경우까지도 나올 수가 있다는 것을 뉴스에서 들어왔다.

우리의 경쟁적 릴레이는 너무나 유명하다. 세계 지도를 놓고 보아도 아주 작은 나라가 중간에 물젖마냥 매달려서 자연적, 지리적 여건이 힘들어 보일 만한 자리에 붙어 있다. 평당 인구밀도도 높으며 그러다 보니 경쟁이 엄청날 수밖에 없고 강대국 사이에 찡겨 있는 지리학적, 지정학적 위치 때문에 정신줄을 붙들어 매고 집중해야만 생존이 가능한 나라다.

물도, 전기도, 천연자원도 어느 하나 풍족하지 않은 나라이고 여러 열악한 요인들이 복합적으로 작용할 수밖에 없어 사투를 벌일 만큼 경쟁해야 살아남을 수 있는 나라다. 여러 요인이 복합적으로 작용하여 힘들어도 어쩔 수 없이 숙명처럼 살아야 하는 나라인 것이다.

그래도 그런 속에서도 사람들은 희망을 노래하고 소망을 담고 하기를 소원하여 십수 년간 바뀌는 환경 속에서도 꾸준하게 '경쟁'과 대비되는 '힐링'이라는 상반된 키워드가 나란히 등장하며 성장하고 있는 현상이 보인다.

예를 들면 2007년에는 경쟁지향적인 키워드인 '활동적인 엄마들'과 안식지향적인 키워드인 '단순함'이 함께 보이고, 2008년에는 경쟁 속에서 살아남아야 하는 '재테크 전쟁'과 안정적인 '날것에의 동경'이 상존했다.

2009년에는 경쟁 서열에 서기 위해 '스펙을 높여라.'라는 키워드로 치열하게 보낸 뒤, 쉼을 위해 '소박한 행복 찾기'를 했다. 이어 2011-2012년에는 '바쁜 여가'와 '스위치를 꺼라.'라는 키워드가 공존하고 2013년에는 '소진사회'와 '디톡스가 필요한 시간'으로 상대적 위안을 삼고자 하는 게 보였다.

그리고 국내 정치와 경제가 점점 더 어려워지면서 안식과 힐링의 키워드의 강도가 더 세게 두드러지게 나타나고 있다.

2017년에는 '버려야 산다. 바이바이 센세이션'과 2018년에는 거창한 것도 싫고 오직 내가 좀 편하고 행복해지면 좋겠다는 의식이 팽배해지면서 트렌드 키워드가 안식과 힐링에 포커스가 집중되어 있다고 해도 과언이 아니다.

2018년에는 '나만의 케렌시아(스페인어로 피난처 안식처를 뜻함)', '소확행, 작지만 확실한 행복' 등의 키워드를 보면 그 시대의 흐름을 이해할 수 있다.

지금까지는 현재 대한민국의 시장을 관통하고 있는 소비 트렌드를 각 전문가의 입장에서 표현하고 발표한 자료를 참조하여 살펴보았다.

일단 먼저 흐름을 알게 되고 이해하게 되면 다른 변화에 대한 내용이 이해가 더 잘될 것으로 생각되어 덕분에 조금 더 세밀하게 공부하는 기회가 되었다.

성공적인 창업을 하기 위해서는 많은 준비가 필요하다.

그중에 제일 첫 번째는 하고자 하는 사업의 규모와 상관없이 현재 돌아가고 있는 국내정세, 시장, 환경, 기술, 소비심리, 라이프스타일, 트렌드 및 변화를 빠르게 익히려고 해야 한다.

예비 창업자의 사고와 관계없이 무조건 유연하게 수용하려고 애써야 하며 시장상황 환경에 맞는 예비 창업자 자신의 마인드 변화도 갖춰져야 한다.

예비 창업자가 기존에 본인이 어떤 직업을 가졌는가에 따라서 관계된 연결 업종이 될 수도 있고 전혀 다른 업종에 관여가 될 수도 있다는 전제하에 외부적으로 객관적인 시각으로 갖고 있던 사고가 나의 직업군으로, 직업시스템 내부로 진입했을 때 완전히 사업가 마인드의 전환이 아주 중요하므로 객관적 판단으로만 여겼던 사고가 고정관념이 될 수도 있는 것이다.

환경에 맞는 사업가 마인드로 장착이 되지 않고 본인만의 사고와 충돌을 한다면 그 사업은 성공하기가 어렵기 때문이다.

예비 창업자의 예전 직업군은 본인 위주의 업무였지만 사업을 하게 되면 무조건 고객입장의 관점에서 경영전략을 짜야 한다. 이 부분에서 예비 창업자의 수용력과 적응력이 문제가 생긴다면 현장에서 고객에게 바로 노출과 동시에 승승장구하기는 힘이 들기 때문이며 고객입장의 관점 시각으로 반응이 표출되는 문제점이 곧 사업의 승패를 가늠하는 단초가 될 수 있다.

성공하는 사업자들의 사업 내부 시스템적 사고로 정확하게 적립돼 있는 코드에는 6가지 정도를 거론할 수 있다.

그중에 하나는 Purposiveness이다. 기업이 존재하는 합목적성이다.

- 목적을 겨냥한 활동에서 그것을 달성하는 데에 적합한 사물이나 활동.
- 목적을 위해 여러 부분이 상호 적절히 조합되어 목적으로써의 전체를 구성하고 있는 것

이는 사업성공의 목적이 이루어져 가는 과정에서 개인적으로든 집단의 어떤 목적을 위해 궁리하고 연구하고 하는 여러 가지 전략에서 발전하기 위한 방향으로 가기 위한 활동, 행보, 실천 등의 합목적성을 이루는 것을 뜻한다.

결국에는 사업성공이라는 꿈을 이루기 위해서는 연구하고 행동하는 실천이 필요한 것이다.

둘째는 Empowerment이다. 내부조직의 시스템 구축이 되어야 한다.

최근 고객 니즈에 대한 신속한 대응과 함께 구성원이 직접 의사결정에 참여하여 현장에서 개선 및 변혁이 신속 정확하게 이루어지기 위해 서비스의 중요성과 필요성과 더불어 활용도가 아주 높아지고 있다.

이는 조직 현장의 구성원에게 업무 재량권을 일부 위임해서 자주적이고 주체적인 체제로 가야만 사람이나 조직의 의욕과 성과를 이끌어 내기 좋기 때문에 불필요한 요소를 제거하고 명확한 '권한부여'가 필요하다.

셋째는 Experimentation이다. 신메뉴가 되었든 고객 서비스 내외부 인아웃테리, 그릇 사업과 관련된 모든 것에서 새로운 아이디어 창출로 회의를 하고 실행해보는 실험적인 실천적 자세가 필요하다.

넷째는 Refinement이다. 작은 변화를 통한 개선 및 새로운 아이디어 등을 성공적으로 수행하려는 긍정적인 노력 및 능력이 소통이라는 이름으로 효과적인 운영이 되도록 해야 한다.

다섯째는 Collaboration이다. 기회가 될 수 있는 모티브는 늘 현장 속에서 나온다. 기회창출을 위한 다양한 비즈니스와 협업이 되도록 항상 오픈 마인드가 돼야 하고 실행할 수 있는 자세와 태도가 되어야 한다.

여섯째는 Looking out이다. 필자가 가장 중요하게 화두로 삼는 부분이 이 부분이다. 업계 내의 변화를 지속적으로 관찰하고 분석해서 성장시킬 것인가, 빠질 것인가를 서치해야 한다.

04
국내 인구정책 변화

우리나라의 출산율은 OECD 참여국가에서 꼴찌이다.

총인구 중 노인인구(65세 이상)의 비율은 2018년 14%(고령사회)를 지나, 2026년 20%(초고령사회), 2058년에는 40%를 초과할 것으로 예측된다고 한다.

이처럼 한국의 저출산과 고령화 현상은 결국 시대를 거스를 수 없는 4차 산업혁명을 거치며 변화될 미래의 지속가능한 발전을 저해할 수 있다.

청소년 및 젊은 노동계층이 줄어들면 구매력의 난조가 예상되고 그러므로 내수시장이 위축됨으로써 확대 재생산이 발생되지 않아 경제성장은 자연스럽게 둔화될 수밖에 없다.

노령인구의 증가는 연금, 건강보험 등 사회보장 지출이 빠르게 늘어날 것이고 이들을 부양해야 할 젊은 층은 급격하게 줄어들어 사회 보장부담이 높아진다. 이는 국가의 사회안전망의 보장정책이 향상되어야 함을 의미한다.

그리고 학령인구 감소로 학교의 수가 줄어들든지 합병이 될 것이고 그에 따른 인프라(인적 물적)의 수급 불균형이 발생해 병력자원 역시 부족해져서 국가 안보에도 위협 요인이 될 것이다.

따라서 노동력 부족과 연령대의 고른 인구분포도의 미비로 내수시장 위축, 경제성장 둔화, 노동계층의 사회보장 부담 증가, 사회 갈등 등을 방지하거나 완화하기 위해 현 시점에서 중장기적인 실천해야 하는 과제들과 이행전략이 나와야 한다.

유휴노동력처럼 생각하는 여성들이 사회로 나와 일과 가정을 양립해서 일을 할 수 있도록, 제도적 장치가 도입된다면 여기에서도 우리는 많은 창업 업종을 생각해 볼 수 있다.

이제 인구변화에 따른 업종변화가 무수히 바뀌고 있다. 이 부분을 신중하게 분석해야 한다.

생각해 보면 그 예제로 '아가방'이란 아이들 브랜드가 전국적으로 엄청나게 잘되던 시절이 있었다. 그러나 어느 해부터인가 '아가방'이란 브랜드는 사람들의 시선에서 없어져 버렸다.

유아기 아이들의 출산이 적어지면서 매출이 떨어지고 점점 폐업하더니 브랜드 자체가 소멸되어 버린 것이다.

또한 학교 앞마다 '문구점'이 골목을 이루던 시절이 있었다. 지금은 얼마나 찾기 어려운가.

이제 여성들과 고령자들이 노동시장에서 보다 활발하게 경제활동을 할 수 있도록 기반을 구축하고 사회문화를 조성해 일과 가정, 양립지원을 강화하여 유자녀 여성인력의 비자발적 경력단절(이탈)을 예방해야 한다.

이 부분에서도 유자녀 여성인력이 갈수록 사회에 나올 수밖에 없는 사회 환경이 조성된다면 이에 상응하는 새로운 업종이 생기는 것을 생각해야 한다.

그와 반대로 1960-1970년대 산아제한정책을 추진할 무렵의 베이비붐 세대는 2017년부터 명퇴와 정퇴로, 다시 사회로 환원되고 있다.

그리하여 시니어 연령대가 점차로 노동시장으로 돌아와 활발한 경제활동을 하려고 하는 것이다.

예비 창업자가 창업하고자 하는 업종을 무엇으로 정할 것인가는 내 업종의 소비고객이 어느 연령대의 타깃 고객인가를 잘 따져보고 그 연령대가 어느 상권입지에 많은지를 조사해서 계획을 짜야 한다는 것에 심사숙고해야 한다.

인구구조의 변화에 집중해야 하는 것은 모든 마케팅 전략과 기획 서비스화, 친절도 향상에 아주 중요한 요소이다.

고령사회로 진입해버린 인구구조 변화로 의료서비스나 복지서비스 등의 증폭되는 관심분야도 발생되고 있고, 1인 가구의 증가로 생활편의 서비스 영역도 세분화되고 있다.

인구구조변화가 가져오는 창업시장에 나타나는 현상은 각 분야별로 가족화되고 있고 새로 생겨나는 새로운 창업분야는 거의 모든 분야에서 부족한 부분들의 보완서비스가 더욱 부각될 것 같다.

인구구조변화로 발생되는 기업경영의 혁신 주안점이 바뀌고 있으므로 차별성을 가지고 하고자 하는 창업의 성격을 파악해서 창업계획서를 쓰고, 상권입지분석을 하여 소비자 타깃군 설정을 하고 경영전략을 짜서 실행해야 한다.

05
창업시장의 전망과 목표

얼마 전 모 현장에 가서 웃으면서 했던 말들이 떠오른다.

이 분야의 컨설팅을 주도하고 있고 창업자금과 경영운전자금에 대해 중심적인 역할을 하는 업계인데 2019년 정도까지 벌어질 일들에 대해 난상토론을 하고 왔다.

어떤 업종이 사라질 것이라든지 어떻게 해야 살아날 것이라든지 그 틈새에서 돈 버는 업종은 간판이나 광고업이 될 거라든지, 우리끼리 창업률과 폐업률을 논하면서 방법론에 대해서도 걱정을 많이 하고 기존에 운영자들에 대해서도 걱정을 하고 자리를 떠나왔다.

필자는 보따리장수부터 시작해서 전통시장을 읽고 나만의 사업일지를 작성하고 그 속에서 매출을 올릴 수 있는 방법과 주변 상인들 간의 친목방법도 알아내기 시작해서 전문업종, 무역업종까지 25년간의 장사꾼부터 사업가 소리를 듣기까지 많은 현장에서의 디테일한 경험을 쌓고 컨설팅 분야라는 것이 있다는 것을 늦게 알고 체계적인 공부를 시작한 경우이다.

그럼에도 불구하고 지금은 너무나 빠른 변화로 인해 공부를 하지 않으면 리드하지 못하기 때문에 수없이 책을 읽고 공부하며 사람들을 만나지 않으면 안 된다.

평생을 한결같이 소상공인으로 살았고 중소기업자들 편에서 일을 하다 보니 벤처사업이나 엔젤투자 같은 영역분야는 설명할 수가 없다. 그 분야는 공부를 한다 해도 실제로 그 분야의 일을 하지 않으므로 확실하지 않은 전제를 가지고 얘기한다는 것은 이치에 맞지 않음이다.

누구나 요즈음은 힘들다고 한다.

특히 2015년과 2016년의 한국은 더 힘들었다.

메르스 영향으로 관련업종들이 거미줄처럼 연결되어 크게 현장사업자들을 힘들게 할 뿐 아니라 세월호 사건의 불치유 후유증으로 국민의 정서적 감정이 모두 가슴 바닥에 침울하게 가라앉아 유통시장을 힘들게 하고 일관성 없는 정책방향으로 크고 작은 사업 모두 할 것 없이 경기가 참 힘들었다.

그럼에도 날이 갈수록 더 힘들어질 것이라고 단언한다. 앞으로는 주먹구구식이라는 단어를 거론하지 못할 정도로 창업이나 경영도 공부하고 체계적으로 운영해 가는, 계획된 본인만의 시스템을 꾸려가지 않고서는 작은 사업체도 어림없는 일이 될 것이라고 생각한다.

시대적, 환경적인 현장상황이 요동치고 있고 어떤 시간적 조건이라도 시대적 시장상황은 어떻게 될지 파악을 못 할 돌발변수가 항상 숨어 있다.

트렌드의 속도도 급속하게 변하고 있고 그 속에서 일반인들의 생활에 대한 마인드조차 변화하고 있다.

이쯤에서 현대그룹의 창업주인 고 정주영 회장이 하신 말씀이 생각난다.

잘 아는 업종도 아니고 해본 경험이 있는 것도 아닌데 "무리입니다. 하면 안 됩니다." 하고 하부 리더진들이 반대하면 "해보긴 해봤나? 해보고 다시 얘기하자." 하고 무조건 추진한다던 전설같이 내려오는 말이 생각난다.

그러나 이제는 앞으로는 그런 무리수는 두지를 못한다. 무리수를 두면 안 된다는 것이다.

전쟁통이나 심한 불경기 속에서도 부자는 어찌 돼도 부자가 되고 사업을 잘하는 사람은 잘하더라 하는 것은 그 시대적 환경을 잘 읽어내서 고객관점의 맞춤식 사업운영을 했기 때문이다.

안정적인 시장일지라도 방심해서도 안 되고 기술은 특히 '기술이 있기 때문에 괜찮아.'라는 생각도 가지면 안 된다.

그것은 사람들의 지식 수준자체가 워낙 빨리 진화하고 있기 때문이며 불과 2-3년 전 유용했던 지식이라고 해도, 더 이상 쓸모없는 경우가 비일비재하기 때문이다.

체계적인 유통업도 경력자들의 뿌리 깊은 사고와, 경험, 인맥으로 변화속도를 잘 받아들이지도 않거니와 속도가 느리며 적응력이 바로 따라주지 않기 때문이다.

이젠 상황이 엄청 달라져서 오프라인 매장 한 군데가 창업을 하더라도 온라인 쇼핑몰을 같이 열어줘야 수익창출의 고도화로 끌어올 수 있음이다.

이는 곧 온라인으로 생산자와 원도매업자가 직라인으로 매입을 할 수 있다는 것이고 그로 인해 중간유통 자체가 무너지는 것을 뜻한다.

이렇게 작은 창업도 변화하는 산업특성과 소비자특성을 알고 시작해야 하며 하던 일에서 벗어나 다른 산업군에 적응하고자 발을 내디딜 때는 얼마나 새로운 환경에 빨리 잘 적응하느냐에 달려 있다.

창업을 꿈꾸는 모든 예비 창업자와 전업을 희망하는 전업 희망자는 전날 본인이 갖고 있던 경험과 예전의 명예와 직분을 내려놓고 처음 발걸음을 새로 떼고 배우는 어린 아기처럼 무에서 시작하는 마음으로 모든 것을 수렴하고자 하는 자세가 돼야 한다.

새롭게 새 부대에 담을 각오를 하고 '나 없음'을 내려놓고 시작해야 옳다고 감히 권면한다.

과거와 현재의 중요한 차이점을 인지하고 과거 본인의 입장과 실력, 경험에서의 집착력을 없애고 '본인 자신조차도 상품이다.'라고 주장하는 것처럼 '나 자신'과 '내가 하고자 하는 사업'과 절대적으로 동일시해야 한다.

그만큼 중요한 일이다.

새롭게 배우는 유치원생과 같은 마음으로 새로운 분야의 전문가가 되겠다는 마음으로 자기 사업 분야의 전문적인 지식과 경험을 조그마한 것까지도 배워서 최고가 될 것이라는 자세로 최선을 다하면 성공할 수 있을 것이다.

자신이 잘하는 것과, 하고 싶어 하는 것, 좋아하는 것과 질리지 않는 것에 대한 판단을 잘해야 한다.

내가 잘한다고 해서 타인이 잘 알아주고 잘되는 것도 아니며 내가 하고 싶다고 해서 그것이 시장 환경에 맞아 떨어져서 대박을 칠 것인지에 대한 것도 관건이다. 또한 내가 좋아한다고 해서 잘된다는 보장이 있는 것도 아니고 타인이 나만큼 좋아해줄지도 의문이며, 타인이 잘된다고 나도 잘될 거라는 것도 오판이다.

무엇이 되었든 내가 좋아하기도 하지만 잘하는 일이고, 질리지 않고 오래 할 수 있으면 더욱 더 좋은 그런 일이면 좋겠다.

한 가지 현장에서 익힌 감각으로 살짝 권해 보는 것은 친인척이 같은 업종에 투신을 하게 되면 재료구입도 공동 구매를 해서 조금 더 저렴한 단가로 구입을 해 올 수 있으며, 구입이익을 남보다 더 볼 수 있다. 또한 거래처 때문에 고민하지 않아도 되고 사업운영도 서로 의논하며 벤치마킹할 수도 있고, 창업하기 전 사업운영의 체계를 직접 배울 수 있는 계기도 만들 수 있다.

아울러 창업하는 데 거품같은 비용절감도 가질 수 있고, 거래처 확보 사기를 덜 당할 수도 있고, 고생도 훨씬 덜 할 수 있으며 현장에서의 노하우도 빨리 습득해서 업종에 대한 적응력도 훨씬 득이 된다.

웬만하면 시류를 타는 업종으로 창업하는 것보다 같은 업종으로 공존공생하기를 권한다. 그 이유는 실패율을 줄이고 안정된 성공사업자가 될 수 있는 확률이 더 크기 때문이다.

위의 창업시장의 바뀌어가는 현상과 소비 패턴의 변화를 읽어보고 '사장님' 소리의 가치가 얼마큼 더 큰 가치가 있음인지 깊이 깨달을 것으로 생각한다.

무엇이든 안다고 다가 아니며 배우면 실천하고 바로 행동으로 옮기며, 습관을 바꾼다는 것은 아주 어려운 일이지만 서서히 작은 것부터 실천하노라면 그것이 큰 그림을 그리게 되는 원천이 된다.

06
업종 선택 시 고려해야 할 사안 검토

업종과 업태 선정은 계획적 선정과 실천적 선정 두 가지의 방법이 있다.

체인점에 가입하여 가맹점으로 출점하는 경우는 계획적 선정이며 단순히 중국식당을 하고 싶다는 생각으로 입지선정 전에 미리 업종을 선정하는 경우는 실천적 선정이라 한다.

수많은 예비창업자들을 만나 멘토링을 해주거나 컨설팅을 해보면 창업을 아주 쉽게 생각한다.

모든 정보나 조건은 의미가 없고 자금만 있으면 창업을 할 수 있다고 생각하고 직원을 쓰면 본인과는 별 관계가 없는 듯이 편하게 생각한다.

창업이라는 단어가 없던 시절로 거슬러 올라가 필자가 처음 창업을 한 시점이 1977년 울산 신정동 재래시장에서 토털패션으로 점방을 열었다.

창업이란 개념보다 그때는 점방을 열었다고 표현했다. 그것은 그냥 작은 동네장사에 불과하고 지금처럼 체계화돼 있지도 않고 힘들지도 않았을 뿐만 아니라 복잡하지도 않아 점방을 열고 고객친화력이 높고 상품에 대한 세팅을 잘 맞춰주면 돈을 벌던 황야의 시대였다.

그렇게 나섰던 현장의 크고 작은 장사꾼으로 25년을 지내면서 차근차근히 변해가는 나 자신을 발견했다. 나조차도 상품화로 만들어져가고 있었던 것이다. 요즘 말로 1인 브랜드화되어 브랜딩되고 있던 것이었다.

서울로 본사로, 지역으로 다니면서 내가 공부한 것을 직원들에게 교육하고 지역점을 오픈해주고 하면서 정신교육도 시키고 하던 시간들이 내 자산이 되었다.

창업을 얘기하자면 창업에는 꼭 수반해야 하는 몇 가지 조건이 있다. 자신감, 자금, 아이템, 상권입지와 경험이다.

그리고 예비창업자가 기본적으로 갖춰야 할 창업 5대 요소가 있다.

창업자 자신, 창업자금, 창업 아이템, 상권입지분석, 경영체험을 말한다.

창업자 자신은 본인이 사업운영을 하기에 성격이나 기질적인 부분, 정신력 등이 잘 맞는지를 체크해야 하고 자금회전력은 창업할 때나 경영 중에도 유동자금관리에 대한 부분이라 정말 중요하다. 또 아이템이 유행과 상관없이 잘 맞는지, 뜨는 아이템인지 지는 아이템인지를 체크해야 한다. 그리고 난 후 사업방향성에 걸맞은 사업장을 고르려면, 상권입지분석을 필요로 하는 것이다.

보통 창업전문가라고 자처하는 사람들은 4가지가 중요하다고 주장하는데 나는 거기에 하나 더 현장에서도 코치를 해줄 때 경험 체험을 요청한다. 서둘지 말고 먼저 반년이라도 경험을 한 후에 하면 좋겠고 경험근무를 해본 사람이면 더욱 컨설팅하기가 쉬워진다.

또 하고자 하는 업종의 벤치마킹 여행을 해보라고 권한다. 그중에서 제일 마음에 드는 사업체에 입사해서 알바도 해보면 금상첨화일 것이다.

창업을 하려고 할 때는 업태의 방향을 먼저 정하고 업종을 선택해야 한다.

사업자등록증에 보면 업태와 업종을 적는 칸이 있다. 업태는 사업의 방향을 설정했을 때 도매인가, 도소매인가, 음식점을 할 것인가, 서비스를 할 것인가 등 그런 방향성을 설정하고 난 뒤 업종을 정하는 것이다.

예를 들자면 음식점은 업태이고 커피전문점은 업종이다.

음식점도 도소매로 하면 도시락이 됐든 음식 먹거리에 대해 도매납품도 하고 소매도 한다는 뜻이고 그 상품성을 커피라고 한다면 커피도매도 하고 소매도 한다는 뜻이다. 그냥 음식점만 쓰면 소매로 인식하는 것이다.

어떤 사람은 업종을 정해 놓고 방향성이 잡히지 않은 채 세무서에 가서 업태를 물어서 적는 사람도 보았다. 사업의 방향성에 대한 계획을 세우지 않고 덤비는 경우이다.

어떤 경우는 상권 입지상 점포가 나왔는데 너무 좋아서 부동산사업자에게 계약해서 잡아놓고는 그때부터 창업 아이템을 무엇으로 할지를 고민하고 상담하러 쫓아다니는 사람도 보았다.

자금이 충분해서 직원을 쓰면 된다는 안이한 사고로 덤비는 예비창업자도 있었다.

현재도 앞으로도 시장상황은 급속하게 변화한다. 모든 시스템이 옛날하고는 완전히 다르기 때문에 창업에 대한 준비도 마음도 갖추지 않고 만만하게 봤다가는 돌이킬 수 없는 나락으로 떨어지고 길바닥에 나앉는 것은 순식간이다.

빠르면 3개월 안에 또는 길더라도 1년 안에 인생이 바뀌는 경험을 하게 될 것이다.

07
업종과 업태를 결정할 때 주의 사항

■ 유행업종이나 과열업종은 피한다.

요즘 뭐가 잘된다더라는 말로 대표되는 유행업종을 말할 때 항상 고민에 빠져 생각해야 한다. 누구나 할 수 있는 업종이란 초보자인 내가 할 수 있다면 다른 창업자도 할 수 있다는 업종이기 때문이다.

■ 가능한 한 경영주가 좋아하는 업종 업태를 선택한다.

좋아하는 것과 잘하는 것의 차이점을 먼저 파악해야 한다.

좋아하는 것은 나 혼자 좋아하고, 사람들은 별로 좋아하지 않는 것을 업종으로 삼으면 안 된다. 내가 좋아하면서도 잘하는 것이면서, 사람들이 좋아라 하는 상품군이면 최상이다. 그렇다고 무조건 내가 좋아하는 일이라고 덥석 덤비면 안 되고 내가 좋아하면서 대체적으로 사람들이 좋아하는 일을 선택해야 한다. 매출상향으로 자신이 살아야 하므로 생활과 취향은 다른 것임을 잘 생각해야 한다.

■ 독립적인 경영과 체인경영

전수창업은 독립창업에 속한다. 어떤 방향으로 사업운영을 할 것인지를 깊이 생각해서 결정해야 한다.

■ 원자재 수급안정성을 확인한다.

정말 맛있고 매출도 꽤나 올릴 수 있는 업종이라도 원재료 구매가 수급이 까다롭다거나 어렵다거나 단가차이가 시즌별로 아니면 구매 시마다 너무 차이가 난다거나 하면 손익계산을 하기가 상당히 난감하다. 원자재 구매의 단가를 얼마나 고르게 수급구매를 하느냐에 따라 수익성이 달라지므로 심사숙고해야 한다.

원자재 수급안정성을 확인하지 않은 채 수익성만 보고 창업을 했다가 패가망신한 사람이 많음을 기억해야 한다.

■ 자기자본 비율을 고려하여 규모나 업종을 생각한다.

나의 경우는 빚내는 것이 두렵고 싫어서 갖고 있는 작은 자금으로 형편에 맞게 창녕군 이방장터의 5일장부터 시작해서 대구의 성당시장에서 난전장사로 돈을 벌어 분식집, 그리고 그 다음 단계로 화장품 소매, 매출성장에 따라 화장품 도소매를 하고, 수입품 직수입 도소매를 단계별로 운영했다.

정부기관의 대출도 내지 않았고 은행대출도 내지 않았다.

그러나 요즈음의 창업자들은 다 그런 것은 아니지만 창업 자금부터 벌써 빚을 내서 창업하는 경우가 허다하다. 오픈했다고 뚜껑을 열었을 때 계획했던 대로 되지 않으면 통계적으로 3개월이면 손을 턴다. 업종마다 조금 다르긴 하지만 자기자본비율이 80%는 돼야 안정성 있게 진입할 수 있다.

요즈음은 아주 작게 해도 마케팅 전략과 운영방법에 따라 매출이 엄청나게 달라지므로 심사숙고해야 함을 명심해야 한다.

업종과 본인과의 매치마킹에 대한 상관관계

창업은 우리가 생각하는 그 이상으로 어렵고 힘들기도 하지만 어쩌면 쉽게 창업에 접근할 수도 있다. 어떤 방법론을 택할 것인가에 달렸다.

지니고 있는 기술이 있어서 창업을 계획하고 있는 것인지 아니면 기술력이 없이 창업을 할 것인지, 자신이 본래 하던 직무로 하던 일을 창업할 것인지, 혹은 본래 하던 직무와 상관없이 관심이 있어서 취미로 하던 일을 직업화해보려고 창업하는 것인지, 어려서부터 부모님께서 하시던 가업을 받으려고 하는 것인지, 직장을 다니면서 창업을 준비하기 위해 수년간 무엇인가를 배워서 기본 상품력을 갖춘 것인지, 친인척들이 하는 사업 중에 관심 있었던 업종이 있어서 하려는 건지 상담을 통해서 많은 것을 분석해야 한다.

그리고 일단은 자신이 하고자 하는 일이 즐겁고 재미가 있어야 한다. 그래야 열정을 다해서 일에 임하게 된다.

단지 돈을 벌어야 하기 때문에 창업하는 것이라면 금방 손을 들고 말 것이다.

사업 아이템을 무엇으로 할 것이며 그 아이템이 자신의 분신 같은 마음이 드는지를 자신과 잘 맞는지를 믹스매칭하려고 할 때 가장 우선적으로 검토해야 할 문제이므로 자신을 찬찬히 들여다 볼 수 있어야 한다.

08
10가지 원칙에 기준한
창업 아이템 결정하기

■내가 보기 좋은 아이템은 남이 보기에도 좋은 아이템이다.

무슨 말일까? 사람들의 안목은 유별나게 다르지 않다는 것이다. 내 마음에 들어오면 타인의 마음에도 어필할 수 있기 때문이다. 때문에 어떤 아이템이 눈에 들어오면 남들도 그럴 수 있다고 판단하는 시각이 필요하다. 그런 아이템이 내 눈에 들어왔을 때 그런 부분을 생각해서 수명 아이템을 검토해야 한다.

■속전속결은 창업 아이템 공식에도 작용한다.

시장의 가장 기본적인 법칙은 단기간에 팽창하면 단기간에 곤두박질친다는 것을 명심해야 한다. 물론 그중에서는 10%만이 살아남는다는 공식은 있지만 그렇게 살아남으려면 많은 노력과 자신이 얼마만큼 잘하고 좋아하는가의 차이점이 분명히 있다. 일반 업종이 됐든 프랜차이즈가 됐던 이 시장의 법칙은 세월이 수십 년 흘러도 바뀌지 않는 공식이란 걸 명심 또 명심해야 한다.

■자금한도에 따른 투자 아이템을 찾아 성장시켜야 한다.

사람들의 욕심은 돈은 벌고 싶고 자신은 고생하기 싫어하는 게 모두의 똑같은 생각이다. 최근 불거져 나온 블록체인이니 가상화폐 비트코인 사건도 그런 심리의 일부 중 한 꼭지이다.

투자금액이 적다면 내 몸이 힘들어도 평균 월수입이 괜찮은 업종이나 상품을 잡으면 된다는 것에 마음을 굳혀야 한다. 자금이 없으면서 빚을 내면서까지 하는 위험한 창업은 웬만하면 추천사항이 아니다.

대한민국 창업자의 평균 창업 투자금액은 1억 원 내외다. 차라리 5천만 원 이하이면 몸은 좀 힘들어도 단계를 밟아 올라간다고 생각하고, 약간 느리게 가도 목적하는 바까지 정확하게 가 있을 것이란 자신에 대한 믿음을 가지고 빚으로 투자하지 말고, 자신을 투자해서 덤벼보라고 권하고 싶다.

■상권입지분석에 따른 경쟁가치의 아이템으로 승부하자.

아이템 결정은 지극히 유동적이고 상대적이다. 어떤 아이템이 뜬다고 해서 그 아이템이 내가 원하는 지역에서 틈새 아이템일 것이라는 생각은 버리는 게 좋다. 부자동네 아이템과 서민동네 아이템도 다르다. 아이템 타당성은 해당지역 소비층의 라이프스타일에 따라서 달라질 수 있다. 소비자의 소비수준에 적합한 아이템 결정이 필요하다는 얘기다.

■ 유행아이템과 유망아이템은 다르다.

유행 아이템은 무조건 피하라는 얘기를 하는 사람들이 있다. 하지만 창업 선수들은 유행 아이템으로 돈을 벌기도 한다. 단 남들이 뛰어들기 전 빠르게 뛰어들었다가 아이템이 떠서 사람들 이목을 받을 때 가장 먼저 출구전략을 감행하는, 치고 빠지는 창업자들이다. 유망사업이 곧 당장의 수익성을 보장하는 것처럼 광고하는 것에 속아 덜렁 창업을 하는 실수를 범하지 않기를 바란다.

■ 인구구조 변화에 따른 아이템 선정을 분석하는 시각이 아주 중요하다

2026년의 실버인구의 가상수치는 5,000만 명 중 20%가 65세 이상 고령자로 채워진다고 한다. 그렇다면 고령자 소비자가 많은 세상에서는 실버아이템이 호황일까? 그건 아니라는 것이다.

실버아이템은 실버 및 청장년 오너들이 하게 되면 진정성이 있어 보

이지만 신세대 아이템을 장년 및 실버가 주인이 되면 장사가 안 되는 경우가 비일비재하다. 사람들 마음의 간극은 거의 동일하기 때문에 늘 신세대 아이템을 주목해야 하는 이유이기도 하다.

■아이템 전시장인 상권과 아이템의 상관관계를 보는 시각을 키워야 한다.

아이템은 상권에 따라 상대적이다. 미국의 월마트, 프랑스 까르푸, 일본의 요시노야가 한국시장에서 철수한 이유가 있다. 그 나라와 우리나라는 상권의 토양부터 문화적인 한국의 색깔을 분석하지 않고 실패한 경우이다. 아이템 경쟁력은 상권특성과 지역문화색깔에 따라서 얼마든지 달라질 수 있다는 얘기다.

■아이템 콘셉트는 시장변수에 따라서 다양하게 진화할 수도 퇴보할 수도 있다.

아이템은 영원불멸의 아이템이 있는가 하면 시장의 변수에 따라서 진화하거나 퇴보한다. 창업자 입장에서는 진화하는 아이템의 방향을 분석할 수 있는 시각이 필요하다.

상권입지에 따라서 성장수준이 달라지거나 타 지역과 다르게 판도가 달라질 수 있다. 최첨단으로 가야 할지 복고로 향해야 할지는 상권입지특성을 보고 판단해야 한다. 아이템 결정은 지극히 유동적, 상대적이라는 얘기다.

■어떤 방식의 운영방향을 잡을 것인가에 따라 아이템 및 상권입지 경쟁력을 달리 한다.

아이템 결정변수가 곧 창업성공의 모든 것은 아니다. 동일한 아이템이라고 하더라도 창업자, 경쟁력 유무, 상권입지, 경쟁력 분석, 사업운영, 마케팅 전략방안에 따라서 성과는 천차만별이 될 수 있다는 얘기다. 아이템 결정요인이 창업성패에 미치는 영향은 25% 미만일 수 있다.

■내 입맛에 딱 맞아떨어지는 아이템은 극히 힘들다.

아이템 찾아 삼만 리에 치중하는 창업자들에게 꼭 얘기하는 마지막 코멘트는 다음과 같다.

"내게 맞는 100% 아이템은 없다."라는 얘기다.

기혼자들은 알 것이다. 50%, 70%, 80%……, 어느 정도의 장점을 보고 단점을 보강해가면서 살아지는 게 인생이고 사업이다.

창업 아이템 결정도 마찬가지라고 본다.

모든 아이템은 일장일단이 있다.

고생하지 않고 노력 없이 큰돈을 버는 사업은 절대로 없다.

강원도 고성에서 3년 전에 중국집을 창업해서 현재는 잘 운영하는 사업자가 있다. 이 대표는 소상공인시장진흥공단 컨설팅프로그램에 예비창업자로 접수를 해서 내가 창업컨설팅을 해주었다.

　몇 번을 만나면서 상담한 결과 동해에서 아주 장사가 잘되는 친척집에 가서 6개월을 먹고 자고 근무하면서 사업운영방법론을 경험해보라 하고 그 업종이 다행히 고성군 간성읍에 잘 맞아 떨어지는 업종이라서 가능업종으로 추천한 적이 있다.

　사업 아이템이 그 지역과 상권입지분석상 잘 맞는지 조사, 분석을 하고 사업방향을 잡고 사업타당성분석도 해준 경우이다.

　원재료 구매도 동해에서 사업하시는 형님과 같이 의논해서 사입하고 작은 부재료는 각자 자기 지역에서 신선도로 해결하면서 원가비용 절감은 물론 하나에서 열까지 안정될 때까지 배운다는 일념으로 항상 사업 멘토로 최선을 다해 함께 가라고 했는데 독립창업의 경우 가장 겸손하게 큰 고민 없이 창업을 잘한 사례이다.

사업 아이템이 결정이 나면 사업방향성과 사업타당성분석을 해야 한다.

전수창업 같은 경우도 자신의 기질과 하고 싶은 열정이 상품과 잘 맞으면 자신이 하고자 하는 상품을 최고로 잘 맞는 사람에게 기술만을 전수받아 타 지역군에 가서 자신이 원하는 개성으로 창업을 하는 경우이고, 아니면 하고 싶은 업종을 배우기가 좀 그러면 그 업종의 프랜차이즈 창업을 결정해야 한다.

독립창업/전수창업/프랜차이즈 창업 등의 장단점 분석

대한민국의 미래전략은 '창업전문국가'가 될 수밖에 없다고 결론이 나와 있다. 국내 창업의 방법에는 독립창업, 전수창업, 프랜차이즈 창업 등 이렇게 3가지 형태가 존재한다.

우선 3가지 형태의 장단점 분석을 하기 전에 창업의 이해가 먼저 필요하다.

창업의 개념을 보면 창업이란 '새로운 사업을 시작하는 것'을 정의하는데 여기에는 개인적 입장과 법률적 의미의 해석을 보자.

개인적 입장 : 기존에 있는 사업체를 인수하는 것이든 처음부터 사업체를 새롭게 시작하는 것이든 모두 창업으로 간주함.

법률적 의미 : 타인으로부터 사업을 승계하여 동종의 사업을 계속한다거나 조직변경 후 동종사업을 계속하는 경우. 폐업 후 사업을 개시하여 동종사업을 하는 경우는 창업에 해당되지 않음.

독립창업의 경우 소기업 창업은 거의 독립창업에 속한다.

독립창업의 장점

- 적은 투자비용으로도 창업이 가능하다.
- 초반 손익분기점에 빠르게 도달할 수가 있다.
- 본사 납입금이 있는 프랜차이즈 창업에 비해 수익률이 높다.
- 창업주의 개성이나 창의성을 발휘할 수가 있다.

독립창업의 단점

- 입지선정, 상품구성에서 전문성이 떨어진다.

■ 판로개척이나 고객관리를 체계적인 지원 없이 창업주 개인능력으로 해결해야 한다.

■ 상품개발 홍보에 필요한 자금, 인력, 시간을 별도로 마련해야 한다.

프랜차이즈란 상품의 유통, 서비스 등에서 프랜차이즈(특권)를 가지는 모기업이 체인에 참여하여 독립적이 되는 연쇄 기업을 말한다.

프랜차이저는 가맹점에 대해 일정지역 내에서의 독점적 영업권을 부여하는 대신 가맹점으로부터 로열티를 받고 상품구성이나 점포, 광고 등에 관하여 직영점과 똑같이 관리하며 경영지도와 판매촉진 등을 담당한다.

투자의 대부분 자금은 가맹점이 부담하기 때문에 프랜차이저는 자기 자본의 많은 투자 없이 연쇄 조직을 늘려나가며 시장 점유율을 확대할 수 있다.

프랜차이즈 창업의 장점

■ 가맹계약을 하게 되면 점포선정부터 개업 전후의 경영부문까지 노하우를 전수해 주기에 개인 독립점에 비해 실패할 확률이 적고 비교적 단기간에 손익분기를 맞출 수 있다.

■ 직영점을 창업 시 경험했던 기존 규정대로 타임스케줄에 의해 움

직이게 되므로 창업자의 준비가 미숙하더라도 사업장을 오픈하기까지의 창업기간을 최대한 단축할 수 있고, 경비절감 효과가 발생한다.

■ 본사에서 대량구매에 따른 원가절감의 효과로 가맹점은 운영에 필요한 각종 설비도구 등을 유리한 조건으로 납품받아 초기 개설에 따른 비용을 줄일 수 있고 지속적으로 저렴하고 안정된 품질의 제품을 공급받을 수 있다.

■ 점포경영 교육 및 지도 실시함으로써 사업경험 또는 경험능력이 미숙하더라도 점포운영이 가능하다.

■ 본사시스템에 의한 R&D로 신메뉴 개발공급으로 사업의 회전 유연성이 높고 본사의 일괄적 홍보판촉을 지원하므로 브랜드 점포가치의 시너지 효과가 높다.

■ 시장변화 소비자 행동변화에 따른 기존 제품 개선과 신메뉴 개발이 지속되므로 시장변화에 능동적인 대처가 가능하다.

■ 판매활동 및 재고처리, 상품관리 등의 많은 부분을 본사에서 대행해 주고 영업 및 고객관리에만 집중할 수 있어 업무 효과가 높다.

■ 가맹점의 성공에 의한 여유자금이 생기면 사업경험에 의해 신규가맹점의 우선권 오픈 기회가 있고, 개인 사업으로의 확대가 가능하다.

244

프랜차이즈 창업의 단점

■ 본사 판매정책의 변화로 인한 본사로부터 지도와 지원을 충분히 받을 수 없게 될 우려가 있고 전체 직영 가맹점의 효과를 감안하여 경영정책을 실시하는 관계로 특정 가맹점의 경우 본인 사업장에 잘 맞지 않더라도 순응할 수밖에 없다.

■ 무엇이든 본사차원에서 제품개발 및 지도편달 원조를 하므로 경영자 스스로의 문제 해결 능력 및 경영 개선의 노력이 게을러질 우려가 많다. 즉 자생력이 떨어진다.

■ 상품, 가격, 판매방법, 점포구성 등 표준화되어 통상적인 운영 원칙으로 가맹점 경영자의 아이디어가 출중하더라도 즉시 본인 점포에 반영할 수 없다.

■ 일관적이고 표준화된 사업방법에 의해 사업이 안정궤도에 들어서면 매출에 변화를 주기가 힘들다.

■ 영세한 가맹본사의 경우는 초기 개설에 급급하거나 지불한 가맹금과 로열티에 비해 지원 사항이나 지도가 미비한 경우가 허다하다.

■ 프랜차이즈 패키지를 특수 상황에 맞추지 않고, 일반적이고 전체적인 입장에서 최대의 효과를 낼 수 있는 방법을 계획하여 실시하므로 개별 가맹점은 점포입지, 지역적 특수성, 소비자 구매 수준 등 지역 실정에 맞지 않아 실패할 수도 있다.

■ 본사의 사세가 약화되거나 없어질 경우 가맹점은 즉각적인 사업

을 지속시켜 가기가 힘들어지고 아이템을 전환하는 재비용이 발생하게 된다.

■ 본사 방침 변경이 있을 시 가맹점은 그 의사결정에 참여할 수 없다. 가맹점과 본사 간의 계약은 갑을관계 계약서이므로 계약 해지 시 일반적으로 가맹점이 손해를 입는 경우가 많다.

■ 본사와 가맹점의 이해가 상반되는 경우 쌍방 모두 독립된 사업자이기 때문에 본사가 자기 이익을 위해 가맹점의 의사를 무시하는 경우가 발생한다.

전수창업이란 창업자가 성공적인 창업을 하기 위한 방법 중 하나로 사업성이 검증된 성공 점포에서 일정 기간 동안 창업의 핵심 가치를 전수받아서 창업하는 방법이다.

창업하고 싶은 업종의 비법, 소스, 조리, 식자재구입, 교육 등을 일정한 비용을 주고 배우는 것을 전수창업이라고 하며 프랜차이즈시스템과 독립창업의 중간시스템이라고 생각하면 된다.

전수창업이란 단어가 생소하겠지만 일본의 창업 경우는 거의 다 전수창업이다. 전 세계에서 전수 창업국으로는 제일 강국이다. 계속 대를 물려받으면서 전 대에서 핵심기술과 운영 노하우를 물려받는 행위를 '전수'라고 한다.

전수창업은 성공점포에서 그 노하우 또는 핵심 기술을 완벽하게 배워 창업하는 것을 뜻한다.

전수창업의 장점

■ 비용대비 효과가 좋다.

■ 투자비용을 절감할 수 있다.

■ 창업 핵심 노하우를 보유한다.

전수창업의 단점

■ 독립적 브랜드로 네임 밸류의 취약 및 브랜드 파워 부재.

■ 전수자의 핵심 노하우 부실 우려가 있다.

■ 체계적인 창업과정의 어려움이 있다.

■ 바른 전수를 위한 컨설팅사가 절대로 필요하다.

10
어떤 방향성으로 운영을 할 것인가

업종을 선택했다고 가정하고 선택결정을 했다면 그 다음 순서는 어떤 방향으로 사업을 전개할 것인가에 따라 업태를 결정한다.

업태를 결정하면 창업상권입지 분석에 임한다. 순서가 뒤바뀔 수도 있는 경우는 허다하지만 소상공인 소기업으로 처음 창업시장 진입을 할 때 자신이 팔고자 하는 상품을 어떤 방법으로, 어떻게 판매를 할 것인가가 관건이 되므로, 상당히 중요한 전략이 필요하다.

업태란 영업이나 사업의 실태를 무엇으로 분류할 것인가이다. 즉 똑같은 상품을 어떤 장소에서 어떤 서비스로, 어떤 판매가격으로 운영을 할 것인가로 분류된다.

예를 들자면 요리자격증을 가진 두 청년 중 한 청년은 로드샵으로

248

큰 식당을 차렸고 한 청년은 전자상거래와 택배 및 배달사업으로 승부를 걸고, 후미진 뒷골목 한쪽 끝에 저렴하게 얻어서 출발을 했다.

로드샵은 상권입지분석의 경쟁성 유무가 상당히 중요하고 주차장 확보까지 신경을 써야 하지만 두 번째 청년은 배달도 사방 500m로 정하고 전자상거래 택배사업으로 결정했으므로 상권입지분석은 그렇게 중요하지 않았다. 그 대신 통합 미디어마케팅 전략을 다방면으로 신경을 더 집중해야 하는 점이 추가될 뿐이다.

SNS 앱 마케팅 전략은 상권입지분석과 상관없이 바이럴이 되어야 하므로 전략상 중요한 일이다.

예전에는 무조건 목이 중요하다고 생각했다. 물론 지금도 목은 중요한 역할을 한다. 하지만 어떤 업태로, 어떤 운영방식과 전략으로 나의 수입원을 확대할 것인가에 따라 상황설정이 달라지는 것이다.

업종 선택을 잘해서 어떤 업태로 운영전략을 전개할 것인가에 따라 상권입지범위가 달라지기 때문에 소상공인의 점포는 상권입지분석의 경쟁성 유무는 물론 퇴근도로인가 출근도로인가, 도로가 몇 차선인가, 도로의 건널목이 내 업종에 끼치는 영향평가 등을 꼼꼼히 살펴야 한다.

창업을 하게 되면 보통 창업자들은 열정도 넘치고 기대가 풍만해서 거의 모든 창업자들이 고객범위를 아주 크게 잡는다.

그러나 운영전략의 차이가 있지만 점포영업으로 시작할 거면 크게 잡지 말고 차라리 주변 사람들부터 사방 300m-500m로 작게 잡아서 입소문을 내주고 친인척 및 지인들께 소개해주고 SNS에 올려주고 하면 확대가 된다.

처음에 고객이 몰려와도 서툴러서 고객을 놓치면 다시 돌아오는 것은 힘이 들기 때문에 느리고 천천히 가더라도 자신이 영업운영전략의 구력과 노하우와 자신감이 늘어나면서 고객이 같이 늘어나면 더 좋은 결과가 나온다.

이렇게 얘기할 수 있는 것은 유명한 프랜차이즈나 자금이 넉넉해서 완전히 좋은 상권에 병원, 스타벅스, 맥도날드, 학원 밀집가 등에 거창하게 가맹사업으로 로드샵을 낸다고 해도 상품력과 고객 CS 이미지 브랜딩이 옳게 안 되면, 무너지는 사례를 보아왔기 때문이다.

11
사업 방향성에 따른 상권입지분석

창업을 준비하는 사람들은 최근 여러 기관들을 통해서 창업교육을 밀도 있게 받는다. 정책지원사항도 알고 싶기도 하고 가장 조심스러운 것은 자신감이 없는 두려움 때문이라고 생각한다.

어떤 기관의 모든 창업교육에서도 감히 함부로 말할 수 없는 분야가 상권입지분석이다. 최근에는 빅데이터가 거론되고 있으나 전문가가 아닌 이상에는 감히 말하기는 만만한 분야가 아니기 때문이다.

또한 그렇다고 해서 부동산 컨설팅 전문가의 말도 다 못 믿는다. 차라리 정말 잘하고 싶으면, 상권분석전문가나 사업타당성조사분석사에게 의뢰를 하는 것이 백 번 옳은 일이다.

최근 들어 상권입지분석이 더 세분화된 것은 누구나 아는 사실이다.

앞에서도 말했지만 어떤 운영방식으로 마케팅 전략을 전개해서 자신의 수입을 창출할 것인가에 따라 상권입지분석의 경쟁성 유무가 판가름 난다고 했다.

장사는 지금도 정말 목이 중요하다. 그리고 또 하나 추가할 것은 지금 현재의 그 목이 나중에 자치단체의 도시개발 부분을 살펴봐야 할 필요가 있다. 그 정보에 의해서 인생이막의 판도가 달라지기 때문이다.

마케팅을 전공한 나로서는 30년간의 현장 컨설팅 전문가로서 변화하는 과정을 현장에서 지켜봤고, 변화에 따른 공부를 수없이 해왔거니와 현장에 접목을 시켰다.

향후 앞으로도 지속적으로 변화하겠지만 최근에는 SNS를 활용한 스마트폰의 파워에 의해 어떤 사업방향전략을 잡을 것인가의 향방에 따라 일부 업종에 전혀 목이란 부분이 필요 없을 수도 있다는 성과부분이 창출되고 있다.

정말 몇십 년 전에는 부동산업자에게만 매달릴 수밖에 없었던 상권입지를 최근에는 대학에서도 체계적 지도를 학문적으로 해오고 있고, 마케팅 전략가들에 의해 상당히 고도의 전문화가 되고 있다.

생각해 보면 좋은 목을 차지하기 위해 1년을 지켜보고 권리금을 더 주고라도 서로 확보하려고 노력하는 일이 많았다. 번화가나 역세권 등등 선호하던 지역에서 사람들이 번잡하고 이동이 많으면 장사

가 잘된다고 믿었지만 현재는 경영자들이 찾아오는 점포를 만들기 위해 노력한다.

임대료와 권리금이 하늘을 뚫을 거 같은 기세로 치솟고 있고, 소상공인은 감히 엄두를 내지 못하고 입점을 하더라도 취급업종의 매출 볼륨이 갖춰지지 않으면 지속하기도 어렵다.

저렴하거나 비슷한 업종끼리 고객의 윈윈이 될 수 있는 골목상권을 형성해서 이면도로 등에 특화된 골목길로 형성되는 사례가 계속 탄생하는 것은 이러한 문제갈등이 빚어낸 결과물이다.

자신이 어떤 업종으로 어떠한 방식으로 운영전략을 시도할 것이냐에 따라 상권입지유형을 세분화시키고 타이트하게 디테일한 점검도 잘해야만 성공창업으로 스타트할 수 있다. 4계절 시즌을 잘 넘기면 그때부터는 구동력에 힘이 붙기 때문에 창업에 진입하면 일단 50%는 성공한 것이다.

젊은 갑부는 하루아침에 탄생하지 않았다!
젊은 갑부 만드는 대박 가게

초판 1쇄 인쇄 2018년 11월 15일
초판 1쇄 발행 2018년 11월 20일

지은이 | 이정애
펴낸이 | 김의수
펴낸곳 | 레몬북스(제396-2011-000158호)

주 소 | 경기도 고양시 일산서구 중앙로 1455 대우시티프라자 802호
전 화 | (070) 8886-8767
팩 스 | (031) 990-6890
이메일 | kus7777@hanmail.net

ISBN 979-11-85257-70-9 (13320)

이 도서의 국립중앙도서관 출판예정 도서목록(CIP)은 서지정보유통지원시스템 홈페이지(http://seoji.nl.go.kr)와 국가자료 공동목록시스템(http://www.nl.go.kr/kolisnet)에서 이용하실 수 있습니다. (CIP제어번호 : CIP2018034907)